Les démarches d'éco-production dans le secteur cinématographique et audiovisuel

ICCA

Industries culturelles, création, numérique

Philippe Bouquillion et François Moreau

Vol. 15

Laurence Allard, Nathan Ben Kemoun,
Laurent Creton et José Halloy

Les démarches d'éco-production dans le secteur cinématographique et audiovisuel

Impacts socio-organisationnels, économiques et environnementaux

PETER LANG
Bruxelles · Berlin · Chennai · Lausanne · New York · Oxford

Information bibliographique publiée par Die Deutsche Nationalbibliothek.
Die Deutsche Nationalbibliothek répertorie cette publication dans la Deutsche Nationalbibliografie ; les données bibliographiques détaillées sont disponibles sur le site http://dnb.d-nb.de.

Confection de la couverture: Peter Lang Group AG

Publié avec le soutien de l'inIdEx ICCA.

ISSN 2506-8741
ISBN 978-3-0343-5690-9 (Print)
ISBN 978-3-0343-5691-6 (ePDF)
ISBN 978-3-0343-5692-3 (ePUB)
DOI 10.3726/b23574
Dépôt légal D/2025/5678/58

Publié par Peter Lang Éditions Scientifiques Internationales - P.I.E., Bruxelles (Belgique)

info@peterlang.com

Cette publication a fait l'objet d'une évaluation par les pairs.

www.peterlang.com

Contact concernant le Règlement relatif à la sécurité générale des produits (RSGP) : gpsr@peterlang.com

Sommaire

Liste des graphiques et des tableaux

Par ordre d'apparition dans le texte

Préface

Au cœur du débat sur la transition écologique, la recherche « Étude d'impact de l'éco-production audiovisuelle » à l'origine de cet ouvrage porte une réflexion critique et une expérimentation pratique en matière de redirection écologique au sein de l'industrie audiovisuelle. Cette étude, qui s'inscrit dans le mouvement plus large de la responsabilité environnementale, souligne l'urgence et la complexité de rediriger un secteur traditionnellement gourmand en ressources vers des pratiques durables. L'émergence d'un nouveau métier en éco-production, figure centrale de cette mutation, symbolise la transition d'une industrie autrefois perçue comme une entité isolée de ses impacts environnementaux, vers une conscience accrue de son rôle dans la lutte contre le changement climatique et la dégradation des écosystèmes.

La redirection écologique, telle qu'elle est explorée dans l'étude, dépasse la simple application de mesures écologiques ponctuelles. Elle suggère une transformation systémique des modes de production, de diffusion et de consommation des contenus, impliquant une reconsidération des valeurs, des normes et des processus créatifs. Ce processus se heurte à des défis structurels et des résistances culturelles, révélant la tension entre les impératifs écologiques et les pratiques établies. Cependant, le rapport met en lumière la capacité d'innovation et d'adaptation de l'industrie, où des initiatives éco-responsables, portées par des individus et des collectifs engagés, esquissent les contours d'une nouvelle esthétique audiovisuelle, en harmonie avec des logiques de durabilité.

La redirection écologique, telle que conceptualisée dans cet ouvrage, et c'est l'une de ses vertus, ne se limite pas à une question de réduction des impacts négatifs. Elle est également porteuse d'opportunités pour repenser la narration et la production de contenus dans une perspective éco-centrée. L'engagement en faveur de pratiques durables devient ainsi un vecteur d'innovation, invitant à explorer de nouveaux genres, formats et récits, qui reflètent et stimulent une conscience écologique chez les créateurs et le public. Cette démarche s'inscrit dans un contexte plus large de recherche d'alternatives face aux crises environnementales, sociales et économiques.

Cette étude ne se contente pas de dresser un état des lieux des avancées et des obstacles rencontrés dans la mise en œuvre de l'éco-production. Il se positionne comme un appel à l'action, soulignant l'importance cruciale de la formation, de la sensibilisation et de la collaboration transsectorielle pour accélérer la transition écologique. La redirection écologique de l'industrie audiovisuelle, loin d'être une utopie, est présentée comme une nécessité impérieuse et une opportunité de réaffirmer le rôle essentiel de la culture et de la création dans la construction d'un avenir durable. Elle invite ainsi salutairement à une réflexion collective sur la manière dont l'audiovisuel peut contribuer à une transformation de notre rapport à l'environnement, à travers la puissance de l'imaginaire et l'engagement créatif.

Alexandre Monnin[1]

[1] Alexandre Monnin est philosophe, co-initiateur du courant de la redirection écologique et actuellement directeur scientifique du POPSU de la métropole Nice Côte d'Azur. Il a publié *Héritage et Fermeture* aux éditions Divergences avec Emmanuel Bonnet et Diego Landivar en 2021, *Écologies du smartphone*, édité avec Laurence Allard et Nicolas Nova en 2022 (Le Bord de l'eau) et *Politiser le Renoncement* en 2023 (Divergences), un numéro de la revue *Multitudes* sur les communs négatifs en 2023 et un autre de la revue *Œconomia Humana*, sur la redirection écologique, en 2025.

Remerciements

Le travail d'étude et de recherche à l'origine de cet ouvrage a été réalisé grâce au concours d'institutions académiques, d'institutions professionnelles, d'enseignants-chercheurs, de professionnelles et professionnels de l'audiovisuel, de créatrices et de créateurs que nous tenons à remercier.

Nos remerciements vont en particulier :

- à Ecoprod, à Pervenche Beurier, sa Déléguée générale, Alissa Aubenque, Directrice des opérations, Jérémy Pinet, Chargé de mission Label Ecoprod, Lucas Boubel, Chargé de projet Carbon'Clap, Adrien Roche, Chargé de projet international ;
- au LabEx ICCA Industries Culturelles et Création Artistique, devenu inIdEx ICCA en 2025, pour son soutien à la publication de cet ouvrage ;
- aux professionnels associés, dont les témoignages et les expérimentations fondent cet ouvrage :

Frédéric Aublé, *Bande annonce des Césars* (bande annonce), Les Tisserands,

Benoît Auriol, *SKAM s11&12* (série fiction), France TV - Banijay - Gétévé productions,

Corentin Bourrat, *Leur jeunesse et la nôtre* (court métrage), Les films de l'horizon,

Guillemette Brisson, Kenza Dhenry Pages, *Chopard Sparkling love* (publicité), Le rendez-vous à Paris,

Anna Casanova, *Desperados* (publicité), First Frame, et *Super U* (publicité), First Frame

Jérôme Cendron et Pauline Zimmermann, *Fiasco* (série fiction), Five Dogs,
Tony Coco Viloin, Joharis Podan, Le *cinéma de Guizmo et Monsieur Clap s2* (série fiction), ÉPICES,
Amélie Costadoat, *En terrasse* (série fiction), Calt Production,
Amélie Costadoat, Sarah Pezeron, Franck Epaud, *Enterrement de vie de garçon* (série fiction), Calt Story,
Claire Egnell, *Bakélite* (court métrage), Imagine 2050,
Jokin Etcheverria, *Steve le phoque dans le désert d'Atacama* (documentaire unitaire), La Fidèle Production.
Mado le Fur, *Rien à perdre* (long métrage cinéma), Curiosa Films,
Mado le Fur, *Deter* (série fiction), France TV Studio - Black Sheeps Films,
Laura Gerardin, *Un si grand soleil* (série fiction), France TV La Fabrique - France TV Studio,
Pauline Gil, *Alex Hugo* (fiction unitaire TV), France TV Studio - La Fabrique,
Pauline Gil, *Germinal* (série fiction), Banijay,
Alexis Giraudeau, projet anonymisé (série fiction),
Caroline Got, *Les extras-curieux* (magazine), Médicis Productions, Kiosco Productions,
Caroline Got, *Le jeu des 1000 €* (magazine), Médicis Productions, Kiosco Productions,
Annouk Guerrin, *Patience Mon Amour s2* (série fiction), Bachibouzouk,
Pascal Guerrin, *Acide* (long métrage cinéma), Bonne Pioche Cinéma,
Pascal Guerrin, *C'est le monde à l'envers* (long métrage cinéma), Bonne Pioche cinéma,
Antoine Gulbol, Laurent Berthomieu, Virginie Lacoste, *Karambolage* (magazine), Arte Studio,
Antoine Gulbol, Juliette Droillard, Angèle Le Névé, *Le dessous des cartes* (magazine), Arte Studio,
Christine de Jekel, *La passion de Dodin Bouffant* (long métrage cinéma), Curiosa Films,
Serge Ladron de Guevara, Axel Diverrez, *Askip s5* (série fiction), Newen - Amsto,
Serge Ladron de Guevara, *Plus belle la vie* (série fiction), Telfrance série - Newen,

Claire Lalonde, *Simple comme Sylvain* (long métrage cinéma), Metafilms - MK2
Lucile Landais, *Envie d'agir* (magazine), Canal +,
Benjamin Lanlard, *Je suis né à 17 ans* (fiction unitaire TV), France TV La Fabrique - Daigoro Films,
Thomas Maggiar, Bastien Echard, *Home Jacking* (série fiction), Lincoln TV,
Valentine Marou, Emmanuel Jacquelin, *Dans 5 ans* (série fiction), Studiocanal Original,
Alice de la Moureyre, *Sa majesté le Cerf* (documentaire unitaire), Cosmopolitis Productions,
Jehanne Patricot, projets anonymisés (publicité),
Laurence Paoletti, *La voie royale* (long métrage cinéma), Tabo Tabo Films,
Charles Rambeau, Alison Begon, *LG New horizon* (publicité), Tout le monde aime les pingouins,
Solveig Rawas, Xavier Amblard, *Rosalie* (long métrage cinéma), Trésor Films,
Aude Renaud, *Justice Climatique* (Série documentaire), Seppia,
Thomas de Sambi, *Monsieur Aznavour* (long métrage cinéma), Mandarin et compagnie,
Sukriti Syal, *Bornéo, la jungle miraculée* (documentaire unitaire), Nomades Productions, Arte GEIE,
Mathieu Thill, *Le roman de Jim* (long métrage cinéma), SBS Productions.

Ecoprod et les auteurs souhaitent aussi remercier les personnes qui ont pris le temps de répondre au questionnaire « Vers la définition d'un métier en éco-production » et les membres du groupe de travail Ecoprod « Vers la définition d'un poste en éco-production » : Étienne Labroue, Andriana Babyuk, Antoine Barraud, Axel Diverrez, Alexandra Le Gentil, Alexis Dupeyrat, Alexis Giraudeau, Anna Casanova, Camille Lucet, Charles Jaeger, Éric Driutti, Fiona Bélier, Inès Le Menec Arroyo, Jonathan Schupak, Laurence Lafiteau, Louisane Roy, Marie Azancot, Mathieu Delahousse, Mathy Mendy, Pauline Gil, Sabine Barthélémy, Valentine Marou, Virginie Lauret, Virginie Lempereur, Xavier Dhenry, Manuela Collon, et aussi les membres du Collectif Les Toiles Vertes, ainsi que Stéphanie Bertrand, Léa Alric et les membres du Collectif Eco-Déco.

Nous remercions également Valérie Martin, Cheffe du service Mobilisation Citoyenne et Médias à l'ADEME, ainsi que les membres du Conseil d'Administration d'Ecoprod.

Nos remerciements à Manuel Boutet, sociologue de l'innovation à l'Université Côte d'Azur, pour son soutien amical et logistique et à Jonathan Buchsbaum, Professeur en Media Studies à Queens College, City University de New York, pour leur concours à la rédaction de la synthèse en anglais de cet ouvrage.

Laurence Allard remercie enfin André Rigaut, ingénieur du son.

L'étude sur laquelle est fondée cet ouvrage
a bénéficié du soutien de l'ADEME.
Ecoprod bénéficie du soutien du CNC.

Introduction

La recherche à l'origine de cet ouvrage se déploie dans une période charnière marquée par la prise de conscience collective des enjeux environnementaux contemporains, et par la nécessité de mettre en œuvre des stratégies permettant d'y répondre durablement. En parallèle, l'industrie audiovisuelle dans son ensemble[2] fait face à un changement d'orientation avec une forte augmentation du nombre de contenus à l'échelle internationale, articulée aux évolutions, également majeures, des modes de production, de diffusion et de consommation. Indéniablement, le contexte interroge la relation de cette industrie à l'environnement. Les évolutions les plus récentes, encore multiples et indéterminées, laissent cependant espérer une ère de production et de consommation plus consciente, plus respectueuse de l'environnement, qui questionne en profondeur les pratiques établies et qui accompagne d'ores et déjà l'exploration de voies nouvelles, sensibles et plurielles, en faveur d'une soutenabilité forte.

Dès 1972, le rapport *Meadows*[3] alerte sur les impasses d'une croissance infinie dans un monde limité matériellement. Depuis, de nombreux engagements ont été pris. À l'échelle planétaire, ce sont notamment des objectifs quantifiables et des stratégies visant à atténuer le poids des activités humaines sur la terre. En 2015, les Nations-Unies formulent les *17 Objectifs de Développement*

---

[2] Nous entendons par industrie audiovisuelle les activités des images animées sonores au sens large, incluant le cinéma, la télévision, la vidéo, la publicité.

[3] Club de Rome, Rapport *Meadows* du Club de Rome, Donella Meadows, Dennis Meadows, Jørgen Randers et William W. Behrens III, 1972.

Durable[4] pour orienter nos réponses à des réalités et des perturbations de plus en plus sensibles : le changement climatique, la dégradation des écosystèmes, la pauvreté, les disparités sociales et les situations de vulnérabilité occasionnées par ces mutations, souvent imprévisibles et sidérantes. L'année suivante, l'*Accord de Paris*[5] est signé, engageant ses membres à contenir le réchauffement climatique sous 2 °C d'augmentation par rapport aux niveaux préindustriels, avec l'objectif ambitieux d'un plafond à 1,5 °C, en visant la neutralité carbone d'ici à 2050.

L'industrie audiovisuelle et cinématographique est directement concernée par ces impératifs. Le secteur a une responsabilité indéniable sur la façon dont il produit ses contenus. Pour respecter les objectifs de l'*Accord de Paris*, le secteur audiovisuel doit aujourd'hui réduire ses émissions de gaz à effet de serre d'au moins 55 % d'ici 2030[6] par rapport à 1990. D'après une étude Ecoprod, la perspective d'atténuation des émissions de gaz à effets de serre (GES) du secteur correspondrait à une diminution de 2,16 % à 3,96 % par an entre 2020 et 2030.

Au début des années 2020, l'audiovisuel français émet chaque année 1,7 million de tonnes d'équivalent CO_2 (incluant le cinéma, la télévision, la publicité, le streaming, l'archivage et les projections)[7], et 18 % de ces émissions sont directement liées à la production au sens large (développement, pré-production, tournage et post-production). Des pratiques plus sobres, des actualisations et des évolutions organisationnelles doivent être mises en place pour réduire l'empreinte de ce processus de production. Des changements importants devront aussi intervenir à différents niveaux, allant de la législation aux modèles de financement, en passant par la formation et les institutions centrales de ce monde. En outre, le secteur audiovisuel joue un rôle crucial dans la sensibilisation des publics. Les récits ont depuis toujours un effet significatif sur la formation des perceptions, des représentations, des valeurs et des formes de vie.

En 2021, le ministère de la Transition écologique déploie le plan *Action Climat*[8] qui offre une feuille de route pour accompagner l'atténuation des

4 United Nations, *17 Goals to transform our world*, 2015.

5 L'Accord de Paris, *Convention-cadre des Nations Unies sur le changement climatique*, 2021.

6 Commission Européenne, *Le Pacte Vert pour l'Europe* ? 2020.

7 Étude Ecoprod de novembre 2020, *Environnement et climat : de nouveaux enjeux pour les acteurs de l'audiovisuel.*

8 Ministère de la transition écologique, *Plan d'action Climat*, 2021, 66 p.

empreintes des différents secteurs concernés et l'adaptation des filières aux changements rapides qui atteignent aujourd'hui toutes les strates de nos sociétés. En parallèle, plusieurs actions du ministère de l'Économie, des Finances et de la Relance sont amorcées pour la budgétisation du développement durable dans l'élaboration et la conduite des politiques publiques. Il s'agit de préparer la transition environnementale du tissu productif, et de mobiliser le secteur bancaire et financier en ce sens[9]. Dans un même élan, pour lutter contre le *greenwashing* et mettre la transition au cœur des dispositifs de communication, l'ADEME publie en 2020 un *Guide de la communication responsable*[10].

Au niveau réglementaire, pour le secteur audiovisuel et cinématographique, le CNC annonce le *Plan Action !*, qui comprend l'éco-conditionnalité des aides à la réalisation de deux bilans carbone : un bilan carbone prévisionnel, en amont des tournages ; un bilan carbone effectif, au terme des tournages. L'éco-conditionnalité concerne toutes les œuvres en prises de vue réelles, fictions et documentaires, longs-métrages et courts-métrages, films, séries ou unitaires, financés par le CNC. Cette mesure s'est installée de manière progressive sur l'année 2023 pour devenir obligatoire au 1er janvier 2024. En 2025, l'obligation porte sur la réalisation et la transmission de deux bilans carbone, sans obligation de résultat pour la réduction des empreintes.

Depuis le 1er janvier 2024, les grands groupes, dont ceux de l'industrie audiovisuelle, sont soumis à différentes obligations inscrites dans la CSRD : une obligation de reporting extra-financier pour les grandes entreprises, les PME cotées en bourse, ou encore les entreprises concernées par des évolutions relatives à la comptabilité de leurs émissions avec le décret BEGES, encadré par l'article L. 229-25 du code de l'environnement.

Le lancement d'une phase 2 du *Plan Action !* en 2025 a permis au CNC de mesurer également les engagements avec des pratiques écologiques déjà mises en place sur 87 % des lieux de travail en 2023 soit une évolution rapide des pratiques en place puisqu'en 2022 la moitié (52 %) des répondants avaient mis en place de nouvelles pratiques[11].

---

9 Ministère de l'Économie, des Finances et de la Relance, *Plan d'action pour le Climat*, 2021, 98 p.

10 ADEME, *Guide de la communication responsable*, 2020, 10 p.

11 "2022-2024 : bilan du Plan ACTION !", CNC, 2025.

Ce Plan Action ! 2 a été introduit par un président du CNC dont les formulations méritent d'être citées en termes d'énonciation prospective :

> « *Ce qui se passe derrière la caméra a un impact sur ce qui se passe devant* », rappelle Gaëtan Bruel, actuel président du CNC, avant de marteler qu'« *il faut faire du cinéma et de l'audiovisuel le terrain d'une prise de conscience* ». Le mot de la fin de son introduction indique le cap du reste de la journée. Il parle de « *procéder avec une forme de douceur, mais une douceur qui doit être implacable. Le temps presse* ».

Cette politique publique d'éco-responsabilité de la production cinématographique et audiovisuelle s'exerce à la fois au plan des organisations et des collectifs au travers d'un cadrage réglementaire, mais également par la mise au point d'une normalisation de l'éco-production avec un organisme tel que l'AFNOR[12] et les expertises notamment d'Ecoprod et de plus de 130 professionnels mobilisés.

Ce cadre économico-juridique peut être élargi à l'Europe avec le déploiement du « Green Deal », Pacte Vert pour l'Europe lancé en décembre 2019 et en 2021 la loi européenne pour le climat engageant l'EU dans une trajectoire de neutralité carbone d'ici 2050.

Pour parachever cette contextualisation, il faut mentionner que la filière cinématographique et audiovisuelle dans son ensemble se trouve concernée par cette politique publique d'écologisation du secteur depuis la production jusqu'à la diffusion, telles les actions concernant l'exploitation en salles soumises à des coûts énergétiques notamment[13].

En parallèle, un écosystème prend forme pour accompagner la transition du secteur, animer des groupes de réflexion, fournir des outils et des occasions de formation adaptées. En France comme à l'international, des systèmes de

---

[12] La spécification dite « Afnor Spec 2308 » propose un mode d'emploi qui vise à encourager des pratiques durables et responsables dans les productions. Il est divisé en 7 chapitres thématiques (comme l'énergie, la biodiversité, l'inclusion, etc.). Il s'appuie sur 28 critères d'action hiérarchisés en 3 niveaux d'engagement. Pour atteindre un niveau, il faut en avoir coché tous les critères sans exception ainsi que ceux des niveaux inférieurs. Parmi les actions proposées : plan de mobilité, sensibilisation au recrutement inclusif, calcul de l'empreinte carbone, réduction de la viande dans les repas, et réemploi des décors. A noter la convergence entre cette spécification et le Label Ecoprod autour de 28 critères communs.

[13] Cf. l'article de Clémence Allamand et Anne-Laure George-Molland (2024). « La filière cinématographique française face aux enjeux écologiques ». *Culture e Studi del Sociale*, 9(2).

partage d'informations, de quantification des émissions ou de labellisation se développent. Des structures de conseil en transition, propres à l'industrie audiovisuelle, voient le jour. Certains acteurs politiques et certains regroupements de diffuseurs mettent leurs ressources et leur influence au service de la transition du secteur.

1. Contexte institutionnel de l'étude

Cet ouvrage est le fruit d'un travail de recherche réalisé en 2023 et 2024 par des enseignants-chercheurs et des membres d'Ecoprod ainsi que de son équipe permanente.

Créé en France en 2009, Ecoprod offre en France au secteur et ses professionnels des outils pratiques pour mettre en place des démarches de responsabilité socio-environnementale. Face aux sollicitations de plus en plus nombreuses du secteur, les membres historiques du collectif, les groupes France Télévisions, TF1, Canal+, Film Paris Région, la CST et Audiens ont décidé, en 2021, de restructurer le collectif en association pour lui permettre de renforcer son ampleur, tout en s'appuyant sur le travail déjà effectué. En deux ans d'existence, l'association a connu une croissance exponentielle et a été rejointe par plus de 370 sociétés, parmi lesquelles des sociétés de production, des diffuseurs, des prestataires, des sociétés de conseil, des institutions, des écoles, etc. Les membres participent à des groupes de réflexion et au développement d'outils pour faciliter et soutenir durablement la transition environnementale du secteur. L'association a notamment développé des formations certifiantes pour les professionnels de l'audiovisuel et du cinéma, construit un calculateur carbone, Carbon'Clap, homologué par le CNC et le méta-référentiel de l'Union des Marques, un guide de l'éco-production, des fiches pratiques, un guide des tournages en milieu naturel et le premier guide pour l'animation responsable.

Parmi les outils conçus et mis en place pour favoriser le mouvement de transition des productions audiovisuelles, le *Label Ecoprod*. Permettant de certifier la démarche éco-responsable d'une œuvre audiovisuelle ou publicitaire, ce label s'appuie sur quatre-vingts critères correspondant aux actions qui peuvent être mises en place au cours du processus de production. En validant plus de 65 % de ces critères, la production peut prétendre à une labellisation, en passant par un audit indépendant effectué par Afnor Certification. Ce label s'inscrit dans l'optique de l'adoption de standards communs et de pratiques durables au sein de l'industrie et, plus largement, d'une meilleure compréhension des enjeux de l'éco-production en vue de la démocratisation de ces pratiques.

Pour contribuer à une meilleure compréhension des enjeux environnementaux dans le secteur du cinéma, de l'audiovisuel et de la publicité, Ecoprod crée de nombreux partenariats qui permettent de produire des recherches et des études précises sur ces questions. L'ambition est simple et modeste : permettre aux productions qui initient une démarche d'éco-production de disposer de repères précis relatifs aux évolutions organisationnelles des équipes, aux besoins technologiques ou institutionnels, aux agencements relationnels, sociaux et temporels, mais aussi aux réalités économiques induites par de telles démarches.

Si le secteur de l'audiovisuel a d'ores et déjà entamé sa transition, à travers l'implication de nombreuses structures auprès de l'association Ecoprod, tous les acteurs ont désormais besoin d'une vision plus précise et concrète des implications multiples, des engagements et du travail requis pour concevoir et démocratiser l'éco-responsabilité dans la fabrication des œuvres et des programmes audiovisuels.

Cette coopération scientifique vise ainsi à étudier les effets pratiques, organisationnels, sociaux et matériels, des démarches environnementales pionnières - les réalisations pilotes pour la première version du label - sur les processus de production. Dès le début, l'enquête vise à mieux comprendre ce qui favorise ou ralentit la généralisation de telles pratiques.

Trois dimensions structurent ce travail : sociale, économique et environnementale. Nous mettons en exergue la complexité, l'interdépendance et la sensibilité requises pour favoriser la transition écologique du secteur, dans des réalisations justes, équitables, réciproques et partagées. Avec la dimension sociale, nous explorons les implications humaines et organisationnelles de la transition. Avec le versant économique, nous étudions les implications financières de l'éco-production et la question des budgets. Enfin, concernant le volet environnemental, nous essayons de comprendre comment l'organisation des tournages est susceptible d'engendrer un autre rapport aux milieux, aux espaces, aux infrastructures et aux écosystèmes.

Autant à l'échelle française qu'à l'échelle européenne, il existe un besoin urgent et partagé de créer un socle de connaissances scientifiques relatives aux difficultés ou bénéfices d'une démarche d'éco-production. Pour tâcher d'y répondre, Ecoprod a initié au début de l'année 2023 un projet d'étude d'impact en collaboration avec l'IRCAV (Institut de Recherche sur le Cinéma et l'Audiovisuel, Université Sorbonne Nouvelle), la Clermont School of Business (CleRMa), le MSC Stratégie et Design pour l'Anthropocène (Clermont School of Business), ainsi que le LIED (Laboratoire Interdisciplinaire des Énergies de Demain, UMR 8236). Cette démarche a été soutenue par l'ADEME.

2. Positionnement de la démarche d'enquête

Secteur central des « industries de l'imaginaire », le cinéma et l'audiovisuel occupent une place particulièrement symbolique et importante parmi tous les autres champs concernés par la redirection écologique. Les savoirs et les pratiques qui sont mis en œuvre, expérimentés et inventés pour répondre aux évolutions nécessaires de la chaîne de production requièrent à la fois investissement, implication et efforts communs pour une transition vers une production plus sobre et circulaire, nécessitant des arbitrages, des décisions, des engagements et des expériences particulières.

La sobriété, en termes de consommations énergétiques ou matérielles, mais aussi la relocalisation des tournages, la recherche d'initiatives en matière de tri et de réemploi, le soin accordé au respect de la biodiversité dans le monde vécu et concret des milieux où sont tournées les images-sons, et la démarche d'éco-production dans son ensemble, engagent un secteur hors de l'économie linéaire, expansive et gaspilleuse, comme de sa trajectoire « business as usual » qui montre des signes patents d'un caractère à la fois insoutenable et obsolète.

Les tournages en éco-production supposent, comme nous le verrons, un gain en savoirs et en compétences, du temps, de l'implication et des marges importantes de créativité pour les professionnels du cinéma et de l'audiovisuel. Avec l'éco-production, ce secteur explore ses dépendances et s'oriente peu à peu vers des économies circulaires, des renoncements aussi, mettant à l'épreuve et au travail les connaissances et savoir-faire à cultiver, puis à transmettre. L'éco-production, ce sont alors l'ensemble des arbitrages à réaliser dans ce contexte d'ouverture, de disponibilité et d'expérimentation.

Avec cette enquête, nous voulons faire une place à l'émergence, à l'acceptation et à l'épreuve d'une situation de désorientation pour les professionnels du cinéma concernés par ces questions. Nous accordons une attention particulière à ces situations dans lesquelles des pratiques, des outils, des façons de percevoir ou de s'orienter ne fonctionnent plus, ou imparfaitement.

L'apprentissage émerge alors dans la désorientation et l'incertitude d'acteurs, de personnes ou de collectifs, en prise avec des altérations significatives qui menacent ou fragilisent leurs conditions d'existence, pour les activités dont ils dépendent.

Ce travail d'enquête résiste aux approches linéaires de l'apprentissage fondées sur l'impératif de transmission et d'acquisition de contenus, en soulignant l'importance de l'expérience dans le monde des choses empiriques. Les gestes, les professions, les milieux et les pratiques nécessitent de prendre au sérieux l'incertain, l'imprévisible et l'ouverture à ce qui peut advenir.

L'enquête, en ce sens, peut consister à prendre soin des dimensions affectives ouvertes dans des situations d'incertitude où l'issue n'est plus prévisible. Il s'agit alors d'aborder le processus d'enquête depuis ces situations indéterminées qui affectent les expériences des communautés concernées. Les cadres, les cartes et les repères de l'apprentissage ne sont pas définis à l'avance. Il s'agit moins de chercher d'emblée des remèdes que de tenter d'habiter une situation en se rendant attentif aux possibilités latentes contenues dans les conjonctures présentes de désorientation. Une telle approche consiste à laisser aux préoccupations, aux hésitations et aux expériences la possibilité d'indiquer de nouvelles perspectives, en intensifiant la réalité, l'importance et la part d'inachèvement à l'œuvre dans ces milieux.

Les mutations imprévisibles du climat, les situations de disparition et d'indisponibilité de certaines réalités du monde, invitent à réhabiliter de telles expériences d'enquête, en deçà des récits globaux de l'anthropocène qui tendent à capturer l'ensemble des humains et des non-humains de façon indifférenciée.

Une telle perspective permet d'entretenir et d'encourager des expériences situées, en prise avec des réalités fluctuantes, hésitantes et incertaines, en deçà des représentations – scientifiques, techniques ou gestionnaires – qui deviennent inopérantes. La connaissance se développe alors depuis des situations spécifiques d'apprentissage, dans les termes des enquêtes que les publics concernés se proposent de mener et des effets de perception qui se développent à ces occasions[14]. Il ne s'agit plus d'apprendre à résoudre des problèmes abstraits ou identifier des solutions génériques, mais plutôt de se laisser appeler

---

[14] Bonnet Emmanuel et Ben Kemoun Nathan, 2024. Se laisser affecter par les milieux troublés pour repeupler l'enquête. Le cas d'un dispositif pédagogique dans une Réserve Naturelle. Conférence Anthropocène et Organisation. Clermont-Ferrand. Juin 2024.

dans le travail d'élaboration de savoirs situés, en relation intime et continue avec celles et ceux qui évoluent dans ce milieu, et tentent d'y construire des réponses ajustées.

3. Problématique

Avec l'évolution des politiques publiques et des réglementations environnementales (Green Deal, SNBC[15], CSRD[16]etc.) – notamment la mise en place de l'éco-conditionnalité des aides, comme celles du CNC[17] en France à partir de janvier 2024, le secteur audiovisuel s'inscrit dans une possible inflexion. Ce mouvement engage l'ensemble des professions à questionner leurs attachements, leurs savoir-faire, leurs dépendances et leurs pratiques, pour cultiver des formes de production mieux réfléchies, plus économes en ressources et en énergie, plus respectueuses des milieux

Les chercheurs en archéologie des médias Stephen Rust, Salma Monani et Seán Cubitt rappellent, dans leur ouvrage paru en 2002, combien « le cinéma est devenu impensable en dehors de sa dépendance à l'égard de l'exploitation minière, de la production d'électricité et de la fabrication, avec leur cortège de pollutions, des opérations logistiques et des chaînes d'approvisionnement mondiales avec des empreintes écologiques massives, des infrastructures matérielles et techniques ayant des conséquences directes sur le monde physique, et du problème des déchets »[18].

L'exemple le plus couramment cité à cet égard est celui du film *Avatar,* pour le volet le plus récent de la saga, qui fait l'objet de nombreuses

---

15 Stratégie Nationale Bas Carbone (SNBS).

16 Corporate Sustainability Reporting Directive (CSRD) a pour ambition d'harmoniser le reporting de durabilité des entreprises et d'améliorer la disponibilité et la qualité des données environnementales, sociales et de gouvernance.

17 Pour plus d'informations, voir : https://www.cnc.fr/a-propos-du-cnc/le--plan-action----politique-de-transition-ecologique-et-energetique-des-secteurs-du-cinema-de-laudiovisuel-et-des-industries-techniques_1850685

18 "Cinema has become unthinkable apart from its dependence on mining, electricity generation, and fabrication with their attendant pollution, on global logistical operations and supply chains with massive ecological footprints, on material and technical infrastructures with direct consequences in the physical world, and on the problem of waste" in Rust, Salma Monani, Seán Cubitt (dir.), *Ecocinema Theory and Practice 2,* New York, Routledge, 2022, pp. 1-2.

controverses[19] particulièrement éclairantes pour comprendre la façon dont l'industrie cinématographique est prise en étau entre des préoccupations sociétales importantes – en particulier du côté des équipes artistiques et de la création – et des réalités matérielles inscrites dans une industrie qui a contracté des dépendances importantes aux énergies fossiles, aux technologies de pointe et aux économies les plus polluantes, gaspilleuses et inconséquentes. Une industrie qui produit rapidement, consomme beaucoup, pollue et pèse matériellement sur le monde, imbriquée à de nombreuses autres industries où l'équipement et l'armature technologique requis sont importants.

Les tournages impliquent une grosse part de logistique, énergivore et émettrice, qui interroge bon nombre de professionnels aujourd'hui. Cette logistique inclut le déplacement d'équipements et de personnes, que certains professionnels n'hésitent pas à comparer à un « cirque » voire à une « fête foraine ». Cette organisation du travail n'a pas d'équivalent par ailleurs puisqu'elle consiste à déplacer et faire vivre un certain nombre de personnes, différentes expertises et professions, pendant la durée du tournage dans une certaine indépendance et un certain confort matériel. En symétrie, on observe et déplore une indifférence aux milieux de tournage, souvent considérés comme de simples paysages, décors ou surfaces où fabriquer les images-sons dont la réalisation a besoin. Ce semblant d'autonomie matérielle redouble en réalité les dépendances du secteur vis-à-vis des équipements, des prestataires et des économies polluantes qui participent de leur existence.

Plus le monde des tournages se pense indépendamment des milieux sociaux, matériels, écologiques, plus ses dépendances vis-à-vis de la technologie, de la matérialité et de l'énergie augmentent. C'est là tout le paradoxe d'un monde *fabriqué à l'intérieur du monde*[20] : son autonomie apparente et son

---

[19] Ces controverses insistent sur le paradoxe d'une création d'univers alternatifs toujours plus foisonnants en faune et flore luxuriantes comme un substitut désirable à l'appauvrissement effectif du monde, la disparition des espèces et l'érosion de la biodiversité, alors même que ces productions ont un poids environnemental important et participent aussi de cette destruction.

[20] Gwenaële Rot, *Planter le décor. Une sociologie des tournages*. Presses de Sciences Po, 2019. Voir en particulier le chapitre « Créer un milieu intérieur » qui narre de nombreuses situations de tournage comme un « champ de bataille » : « Dès lors que les équipes de films sortent des studios, plus le tournage entre en interférence avec son environnement, plus l'enjeu à apprivoiser le milieu associé au sein duquel le cinéma s'encastre est stratégique ».

fonctionnement autarcique participent pleinement de son caractère vorace, gaspilleur et polluant.

L'éco-production intervient précisément à cet endroit : comment l'audiovisuel et le cinéma sont-ils aujourd'hui attachés, dépendants, reliés et conditionnés par certaines réalités devenues problématiques, épineuses, inconfortables et non-soutenables ? Comment réencastrer le cinéma et l'audiovisuel dans des réalités matérielles moins nombreuses, plus légères et plus circulaires, en admettant la nécessité de faire exister ces professions sur des bases matérielles résolument plus modestes et plus économes, plus durables et mieux mutualisées ?

La production est depuis ses origines associée à un univers d'abondance, de possibilités, d'excès et de célébration. Un univers insoutenable, par défaut, pourrait-on dire, dans la mesure où c'est un monde à l'intérieur du monde que le cinéma et l'audiovisuel requièrent pour exister, un monde qui utilise depuis longtemps le reste du monde comme un paysage disponible pour fabriquer des images-sons, sans s'imposer une logique de réciprocité vis-à-vis des milieux où cela a lieu[21]. Comme l'explique l'un des professionnels qui s'est exprimé sur ces questions : « *J'ai vu des choses aberrantes… un type qui tire avec un flingue et qui fouette un tigre… On ne pourrait plus faire ça aujourd'hui.* »

Les premières tentatives de sensibilisation aux enjeux environnementaux du cinéma et de l'audiovisuel deviennent visibles au début des années 2000, à l'initiative de techniciens et de professionnels soucieux de faire changer la culture et la pratique des tournages pour les rendre compatibles avec les limites planétaires et anticiper des conditions viables et pérennes de réalisation pour les tournages d'aujourd'hui et de demain.

Selon Aurélie Ravier, autrice d'un mémoire historicisant l'éco-production, les signes avant-coureurs de la prise de conscience concernant l'empreinte environnementale du secteur audiovisuel, caractérisé par la massivité de sa production et diffusion, apparaissent « aux États-Unis avec pour point de départ le premier *Guide de production environnementale*, créé en 1995 par

---

[21] De tels questionnements ont été amorcés pour certains aspects dans Chalvon-Demersay, Sabine. « La saison des châteaux. Une ethnographie des tournages en "décors réels" pour la télévision », *Réseaux*, vol. 172, n° 2, 2012, pp. 175-213 citant notamment le rapport de 2008 de la Commission du Film d'Île-de-France, « L'empreinte écologique d'un tournage ».

l'Environmental Media Association qui propose des alternatives de produits et de services permettant de réduire l'impact d'une production »[22].

C'est au tournant du XXIème siècle que les initiatives pionnières voient le jour, comme en France avec Ecoprod qui s'est saisi de la question de l'éco-production dès 2009. Fondée sous la forme d'un collectif dont la mission était de fédérer et d'accompagner la transition environnementale du secteur audiovisuel, Ecoprod a posé les jalons de l'éco-production et créé les premiers outils mis à disposition des professionnels et des institutions pour en favoriser le déploiement.

Depuis lors, régie, logistique, décors, costumes, toutes les professions en prise directe avec la matérialité du cinéma et de l'audiovisuel, se sont attelés à ce vaste chantier d'écologisation du secteur, qui consiste à opérer des arbitrages, des renoncements et des réinventions.

À l'issue de cette recherche, il nous semble que ce milieu professionnel est parmi les plus conscients et disposés à changer, avec les transformations artistiques et culturelles en cours, qui incorporent aujourd'hui de nombreuses pensées de l'écologie à leurs démarches. Ainsi, le cinéma et l'audiovisuel n'occupent plus seulement une fonction pivot dans la production d'imaginaires alternatifs, mais se trouvent au centre des questions afférentes aux futurs de la production. Comment fabriquer des images-sons différemment ? Quelles pratiques cultiver pour faire exister ces mondes, leurs économies et leurs savoirs, en allégeant leur empreinte ? Comment ce secteur se questionne-t-il et imagine-t-il son propre futur et sa pérennité socio-environnementale ? Autant de questionnements auto-adressés par le secteur dont certaines réponses nous ont été livrées dans l'enquête qui suit.

4. Cadre méthodologique

4.1. Une enquête avec et par les professionnels

Notre équipe de recherche a pu s'entretenir avec 44 productions qui ont expérimenté le Label Ecoprod. À partir de ces échanges, l'équipe de recherche

---

[22] Aurélie Ravier, « La transition environnementale du secteur cinématographique et audiovisuel français. Panorama des acteurs de l'éco-production », mémoire de Master 1, Histoire de l'art, spécialité Histoire du cinéma, sous la direction d'Agnès Devictor, année 2022-2023.

a pu évaluer les retours d'usage du Label face aux différents types de productions audiovisuelles étudiées. L'enquête que nous avons réalisée, en tant que sociologues, économistes et physiciens, documente les évolutions favorables des manières de produire étayées par la phase pilote du Label Ecoprod.

Cette étude conduit à mettre l'accent sur les réussites et les transformations de certaines habitudes, en particulier les pratiques quotidiennes et circonstanciées sur un plateau, comme la revalorisation des déchets, la végétalisation de l'alimentation, la réduction des déplacements individuels, les solutions alternatives à des sources énergétiques polluantes. L'accent est aussi mis sur les points de résistance qui interrogent les professionnels en quête de réponses alternatives : les verrous technologiques, sociaux, en termes d'asymétries de pouvoir, de responsabilité et de hiérarchie sur les tournages, ce qui conduit à décrire les difficultés, les questionnements, les affects et les avancées que le secteur vit dans sa transition.

L'éco-production apparaît d'abord nettement, dans de nombreux entretiens, comme une réponse à une situation d'écœurement face un ensemble de pratiques, de réalités et d'habitudes perçues aujourd'hui comme des aberrations. Autant de réalités qui n'ont plus lieu d'exister pour un nombre croissant de professionnels. Comme le raconte l'une des professionnelles interrogées : *"Avant, on inventait des histoires pour tourner au soleil, maintenant on fait plus attention à ça."*

À titre d'exemple, ce sont souvent les choses les plus visibles et les plus évidentes à observer qui font l'objet d'une évolution rapide des comportements et des points de vigilance : les mégots, les emballages, les feuilles de décor et l'ensemble des déchets que l'on veille désormais à ne plus abandonner derrière soi après le tournage d'une scène.

Cette étude sur l'éco-production doit être comprise comme une enquête à partir d'une quête de sens pour un secteur emblématique – « l'usine à rêves » – qui réécrit l'imaginaire de sa propre culture professionnelle, et invente des possibilités de vie, de réalisation et de travail compatibles avec la nécessité de faire mieux, avec moins de matérialité, moins d'énergie, moins de gaspillage et moins d'aberrations. Comme nous le souligne l'un de nos interrogés : « On est un vecteur de sens et d'imaginaire, on est une industrie centrale, les industries culturelles ont un rôle central à jouer. Mais si on ne propose pas aux gens une alternative, les gens n'ont pas envie de changer en fait. Éco-produire, c'est d'abord voir que c'est possible. C'est une bascule de valeurs, dans la société. Notre rôle est important, mais il faut que l'on soit cohérent dans nos manières de faire. Ces nouveaux imaginaires, il faut qu'on commence par se les appliquer à nous-mêmes. »

Sur le plan de sa conduite méthodologique, l'enquête a été menée sur la base d'un questionnaire quantitatif, comprenant 96 entrées, administré au cours d'entretiens qualitatifs d'une durée moyenne de 2 h 30 pouvant aller jusqu'à 4 heures d'entretien.

À la suite des entretiens, des données de deux types ont été utilisées pour construire notre analyse. Des données qualitatives et des données quantitatives. S'agissant des données qualitatives, la méthodologie de traitement s'est déployée de la façon suivante : nous avons effectué des transcriptions intégrales des entretiens réalisés puis nous avons effectué un travail de classification des items récurrents (unité sémantique / idée ou concept) présents dans ces transcriptions, jusqu'à parvenir à une stabilisation et une consolidation des axes analytiques qui seront présentés. Nous avons veillé à ne jamais nous éloigner de ces matériaux vivants au moment de nos travaux d'analyse et d'écriture. Nous voulions rester à l'écoute de ces narrations, de ces retours d'expériences, pour être en mesure de rendre compte des savoirs, des affects et des horizons entrevus au cours de ces entretiens.

Le travail d'analyse de ces matériaux est donc indissociable d'une réelle imprégnation et d'un engagement des chercheurs dans l'enquête, tout au long de la démarche, indépendamment d'un moment d'écriture précisément repérable. Il est d'ailleurs impossible d'identifier un moment d'écriture à proprement parler ou de conceptualisation bien défini, tant l'écriture, l'analyse, les entretiens et les transcriptions ont été réalisés dans une même énergie, un même souffle, et traversés par une trajectoire d'enquête, d'écoute et de précaution à chaque instant.

Concernant les données quantitatives descriptives, nous nous sommes appuyés sur les documents suivants :

- données quantitatives issues des entretiens :
  - budget total
  - budget alloué à l'éco-production
  - temps total de production (préparation, tournage, post-prod)
  - temps alloué à la démarche d'éco-production
  - nombre de professionnels à un poste en éco-production

(données issues des grilles du référentiel complétées par les personnes interrogées en entretien)

Des données complémentaires ont été utilisées pour contextualiser le corpus principal :

- données issues du Carbon'Clap, qui permettent d'avoir un regard global sur les postes d'émissions important ;
- données issues du sondage « *Vers la définition d'un métier en Éco-production ?* » collectées sur la base d'un questionnaire envoyé à deux groupes de professionnels du cinéma et de l'audiovisuel entre septembre 2023 et mars 2024 :
  - des personnes ayant travaillé à un poste chargé de l'éco-production ;
  - des personnes ayant embauché quelqu'un en charge de l'éco-production.

Les résultats de l'enquête sont analysés suivant trois axes de lecture :

1. une analyse socio-organisationnelle
2. une analyse socio-économique
3. une analyse socio-environnementale

En résumé, nous proposons dans les pages qui suivent une immersion dans :

- une enquête menée par des professionnels qui se questionnent sur leurs propres pratiques de production dans le contexte de la réglementation climatique ;
- une enquête réalisée avec des professionnels qui installent de nouveaux modèles organisationnels et économiques ;
- une enquête sur une quête de sens pour un secteur emblématique – « l'usine à rêves » – qui réécrit l'imaginaire de sa propre culture professionnelle.

4.2. Présentation du terrain d'étude

L'étude s'appuie sur les réponses de 44 professionnels de l'audiovisuel relevant des différents métiers précisés dans le graphique, ci-dessous.

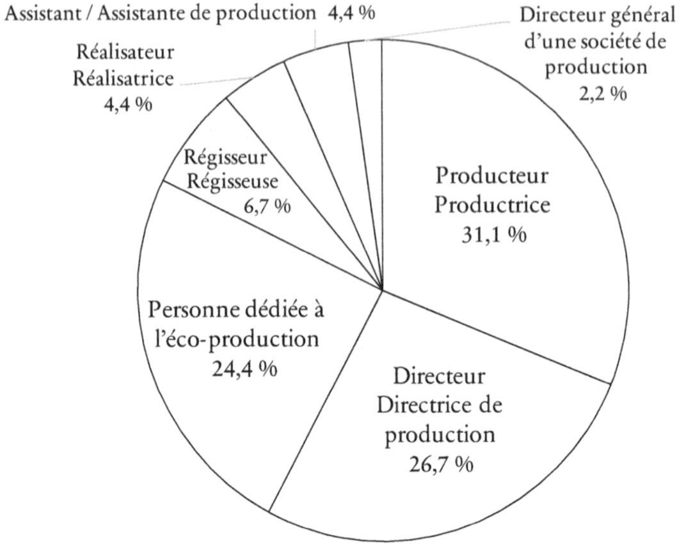

Graphique 1: Corpus des personnes interrogées.

La diversité des profils, en termes de métier comme de hiérarchie, nous a permis d'identifier les enjeux induits par différentes réalités, positions et enjeux. Nous avons pu mettre en lumière les tensions et les oppositions avec la production qui surviennent parfois entre les personnes embauchées spécifiquement à un poste dédié à l'éco-production, les personnes plus généralement en charge des enjeux d'éco-production, mais aussi les cas où toutes ces personnes sont parvenues à se coordonner pour construire une démarche environnementale cohérente, équitable et partagée.

Officiellement lancé le 21 septembre 2023, le Label Ecoprod est construit comme une grille de 80 actions à mettre en place dans le processus de fabrication d'une œuvre audiovisuelle, pour réduire son impact environnemental[23]. Les productions qui ont participé à cette étude, se sont donc inscrites dans

[23] Pour rappel, la V1 du Label Ecoprod est composé de 80 critères répartis dans les 10 domaines suivants : [A] Production, communication, engagement, [B] Éditorial, [C] Bureaux, [D] Lieux de tournage, [E] Décors, construction, accessoires de tournage, [F] Habillage, maquillage, coiffure, [G] Déplacements, [H] Régie, [I] Moyens techniques, [J] Post-production

la phase pilote du Label Ecoprod. L'objectif de cette phase était de tester concrètement les actions proposées par le Label Ecoprod, tout en analysant les impacts organisationnels, économiques et environnementaux d'une telle démarche.

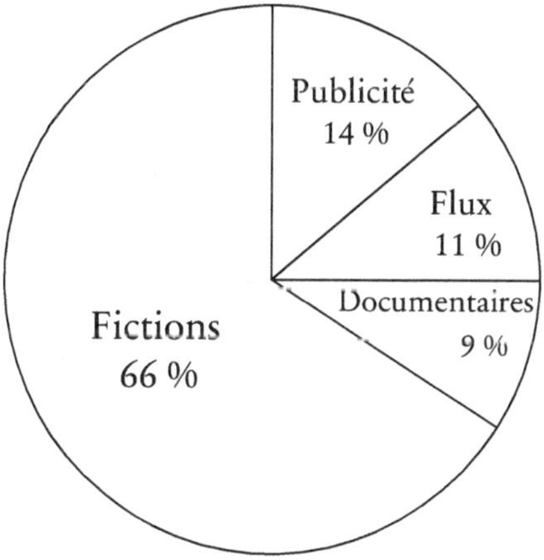

Graphique 2: Corpus des personnes interrogées par genre audiovisuel.

Le corpus des œuvres étudiées est composé en grande majorité de fictions. Cependant, d'autres formats sont aussi représentés.

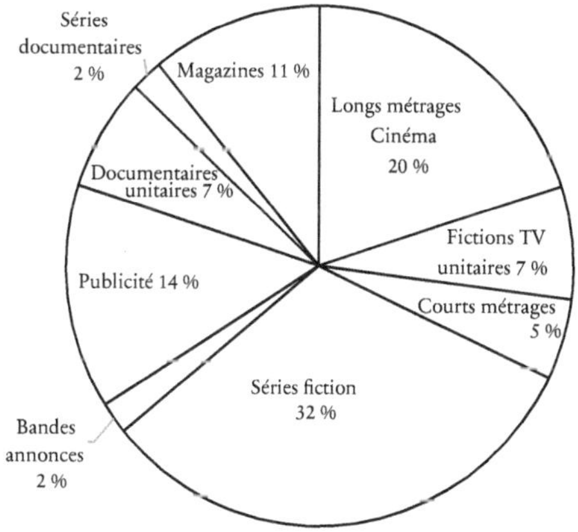

Graphique 3: Composition du corpus : typologie des formats.

Sur les 44 productions étudiées, 7 (soit 16 %) ont eu un score inférieur à 65 % au Label Ecoprod, et 37 (soit 84 %) ont eu un score supérieur à 65 %.

Notons dès à présent que les œuvres faisant partie de notre corpus sont portées en grande majorité, à 91 %, par une société de production.

Tableau 1: Personnes à l'initiative de la démarche d'éco-production

À l'initiative de la démarche	nombre	%	score moyen au label
Diffuseur TV	5	11	75
Réalisateur·rice	2	5	73
Autre (clients)	2	5	73
Producteur·rice	27	61	72
Directeur·rice de production	5	11	67
Régisseur·euse	3	7	56
Total	44	100	

Tableau 2: Structure porteuse du projet

Structure porteuse du projet	nombre	%
Société de production	40	91
Diffuseur / Distributeur / TV / Plateforme	1	2
École / Centre de formation	1	2
Autre (Association / Client)	2	5
Somme	44	100

Toutes les productions faisant partie de notre corpus ont déployé, avec plus ou moins de succès, une politique éco-responsable durant leur fabrication. Pour une grande partie d'entre elles (27, soit 61 %), la production était à l'initiative de la démarche d'éco-production. Les œuvres avec le diffuseur, la réalisation et/ou la production à l'initiative de la démarche d'éco-production ont eu, en moyenne, un score supérieur à 70 % au Label Ecoprod.

Pour une démarche d'éco-production pertinente, les acteurs clés de la fabrication doivent être les porteurs de la démarche. Ils ont toutes les cartes en main pour penser la démarche et faire son suivi jusqu'au terme de la fabrication.

Pour beaucoup de nos répondants, éco-produire suppose un « dialogue entre production et réalisation » et certains se demandent s'il ne faudrait pas « aller systématiquement vers la formation des producteurs et des réalisateurs », « former les producteurs à l'éco-production », voire envisager « une espèce de pacte réalisateur-producteur-diffuseur ». Lorsque les producteurs et diffuseurs ne sont pas suffisamment concernés et informés, les productions risquent un « manque d'anticipation nécessaire pour bien éco-produire ». Il ne suffit pas que la production soit à l'initiative pour avoir une démarche d'éco-production efficace. Il faut ajouter à cela l'organisation des équipes, le temps accordé à la préparation et à la mise en place, ainsi qu'une grande attention aux vecteurs favorables ou défavorables qui gravitent autour d'une ambition d'éco-production.

Il est également nécessaire de préciser que le premier geste d'éco-production doit, idéalement, être fait par la structure porteuse du projet : en l'occurrence, dans le cas de notre corpus, la société de production. Geste qui doit être ensuite accompagné d'une série d'actions spécifiques à la démarche.

Les actions qui ont majoritairement été mises en place sont celles où la production avait le plus de moyens d'agir, le plus de prise sur la situation.

5. Les actions d'éco-production mises en place : repérage des freins et des leviers

Les actions qui ont été menées par plus de 95 % des productions sont la désignation d'une personne en charge de l'éco-production, la communication de consignes de tri dans les bureaux et le fait de proposer au minimum une offre végétarienne ainsi qu'une seule offre par semaine de viande rouge. Différents motifs explicatifs peuvent être avancés.

D'abord, ces critères ont du poids dans le référentiel du Label Ecoprod. De plus, pour les productions ayant la main sur l'embauche ou non d'une personne supplémentaire à un poste en éco-production, ou le changement de régime alimentaire sur le tournage, ces actions semblent relativement faciles à mettre en place. Cela ne signifie pas qu'elles se passent de questionnement, mais qu'elles relèvent d'une option plus aisément maîtrisable par les personnes en charge de la fabrication des œuvres. S'inscrivant dans la même logique, la mise en place d'un plan de gestion visant à réduire et trier les déchets, et le recours à des appareils d'éclairage éco-énergétiques, sont des actions réalisées par plus de 90 % des productions.

À l'inverse, d'autres actions semblent moins aisées à mettre en place, en particulier lorsque l'infrastructure environnant le tournage ne permet pas d'avoir de prise directe sur la situation. Les actions d'approvisionnement des bureaux en énergie renouvelable n'ont, par exemple été réalisées que par 30 % des productions, tout comme les mesures de réduction de la consommation d'électricité sur le tournage. La location de véhicules électriques, hybrides ou à carburant alternatif pour éviter les véhicules thermiques a souvent été délaissée par les productions du fait d'une dépendance à des infrastructures plus globales, qui ne sont pas toujours disponibles, en fonction des lieux. Ces dernières actions, dans leurs limitations et difficultés, seront analysées dans la partie qui concerne l'analyse environnementale.

La catégorie « Production, communication, engagement » rassemble les actions de formation et de formalisation de la démarche d'éco-production (rédaction d'une feuille de route, bilan carbone, etc.), qui ont été largement mises en place par les productions étudiées. Les actions de la catégorie « Régie » ont également été suivies à près de 80 %. Ce département a été l'un des premiers à prendre en compte les enjeux d'éco-production, où les impacts sont parmi les plus visibles. Pour la catégorie « Habillage, maquillage, coiffure », 30 % des productions ont indiqué que les actions listées n'étaient pas applicables, notamment pour les projets de documentaires ou les émissions de flux.

S'agissant de la « Post-production », les entreprises de production faisant très généralement appel à des prestataires, elles n'ont que peu de prise sur l'activité réellement effectuée. C'est pourquoi l'action de privilégier des appareils reconditionnés et peu consommateurs d'énergie n'a été validée que par 20 % des productions. Elles peuvent transmettre des indications ou des actions à privilégier, mais ne peuvent généralement pas imposer un type d'organisation au prestataire de post-production. Ce domaine d'activité n'est certes pas neutre dans l'impact environnemental d'une production audiovisuelle, et il mériterait de faire l'objet d'études futures.

L'étude permet de distinguer les actions qui peuvent être mises en place aisément pendant un tournage, des actions plus complexes à déployer. L'analyse de l'ensemble des réponses montre que les freins à la mise en place de certaines actions peuvent être regroupés en cinq grandes catégories :

- Actions liées à une infrastructure plus globale (la production et/ou la personne en charge de l'éco-production n'a pas de leviers d'actions), par exemple : approvisionner les bureaux en énergie renouvelable.
- Freins économiques (l'alternative coûte plus cher) : quand les billets de train sont plus chers que les billets d'avion, le prix des produits bio, etc.
- Absence d'alternatives : branchements forains trop compliqués à mettre en place, absence d'offre de groupes électrogènes non thermiques ou de voitures électriques, etc.
- Manque de connaissance, de sensibilisation ou d'implication des équipes : réticences sur le fait d'introduire des repas végétariens, manque de formation aux pratiques d'éco-conception, etc.
- Manque de temps pour mettre en place de nouveaux usages ou pour trouver une alternative : par exemple, identifier des prestataires éco-responsables dans la région de tournage.

Cette étude permet aussi d'identifier des prises pour répondre à ces difficultés, de mettre en évidence à la fois les dépendances infrastructurelles, les emprises technologiques et sociales, ainsi que les possibilités latentes de redirection écologique. L'analyse en sera approfondie dans les trois grandes parties qui vont suivre.

PREMIÈRE PARTIE

Analyse Socio-Organisationnelle

Le secteur cinématographique et audiovisuel se heurte depuis plusieurs années à plusieurs crises. Des crises à la fois internes, telle que la dénonciation des violences sexistes et sexuelles associée aux campagnes de mobilisation #MeToo, mais également des crises globales de court et moyen terme, telles que la crise sanitaire liée à la pandémie de la Covid-19 et des crises structurelles de long terme, telle la crise écologique - qui est justement davantage qu'une crise. Dans toutes ces situations de crise, c'est un continuum relationnel à mettre à jour et à articuler à l'instar des trois écologies que le psychanalyste et philosophe Félix Guattari a identifiées et reliées : l'écologie sociale, l'écologie mentale et l'écologie environnementale.

De l'écologie des relations au sein d'un milieu professionnel à l'écologie des interactions de ce même milieu avec d'autres écosystèmes naturels, sociaux et économiques, c'est ce continuum que les démarches d'éco-production parcourent et renouvellent.

L'éco-production implique une réorganisation des usages de l'ensemble du processus de production et affecte l'organisation globale. Chaque département est concerné, l'éco-production ne peut être pensée en dehors d'un travail de réorganisation systémique impliquant largement l'ensemble des membres de l'équipe, des prestataires, et plus globalement du secteur.

Pour ce faire, des aménagements socio-organisationnels sont à identifier et à généraliser dans le cadre des démarches d'éco-production. Le changement dans les pratiques a résulté d'une prise de conscience de professionnels du terrain, soutenus par les démarches plus institutionnelles de transition du secteur.

De nouvelles professionnalités émergent, sans statut encore réglementaire, qui viennent incarner l'éco-responsabilité au sein du cinéma et de l'audiovisuel. L'analyse des données du référentiel ainsi que les entretiens menés avec les personnes en charge de l'éco-production (démarche et reporting) nous ont enseigné qu'en plus du développement de compétences plurielles d'expérimentation et de médiation, dès la phase de préparation, des rapports socio-organisationnels sont mis en jeu, qu'il s'agit de pointer pour en éviter - pour certains d'entre eux - une reproduction irréfléchie. C'est notamment le cas pour ce que nous appelons des « asymétries d'éco-responsabilité » entre équipes techniques et artistiques, ainsi que des stigmatisations en tous genres que peuvent rencontrer les personnes incarnant l'éco-production dont la légitimité reste à installer durablement et collectivement.

1. L'éco-référence : une émergence socio-organisationnelle

Si l'éco-production touche tous les départements, depuis quelques années, un nouveau poste est apparu sur les tournages. La personne occupant ce poste n'est pas forcément la porte d'entrée unique vers l'éco-production, mais un catalyseur des ambitions éco-responsables de chacun. À l'instar des référents « Covid » et « Violences sexistes et sexuelles » (VSS), un poste dédié à la coordination des actions éco-responsables a vu le jour. Si le terme « éco-référent » est fréquemment utilisé, on utilise aussi les termes d'« éco-manager » ou de « chargé d'éco-production ». La mise en place d'une nouvelle fonction ne va pas de soi, notamment en raison d'ignorances et de possibles préjugés. Les personnes chargées de l'éco-production sur un tournage peuvent être confrontées à des formes plus ou moins explicites de discrimination, être perçues de façon caricaturale comme source d'exigences supplémentaires, en instaurant de nouvelles normes et de nouvelles contraintes.

L'éco-référence émerge comme une nouvelle professionnalité au sein des organisations socio-économiques du cinéma et de l'audiovisuel.

En complément de l'étude menée autour du Label, la structure Ecoprod a lancé un groupe de travail dans le but de mieux connaître les contours sociologiques de cette nouvelle fonction, qui est aussi un métier nouveau, impliquant des compétences, des savoirs et expériences à cultiver.

Est présentée ici une analyse des données collectées par un questionnaire en ligne adressé au mois de septembre 2023 à l'attention de tous les professionnels ayant participé à la fabrication d'une éco-production. Nous traiterons dans la partie qui suit les réponses des 76 professionnels ayant entièrement complété le questionnaire qui leur a été envoyé. Le questionnaire a été envoyé à deux groupes de professionnels. D'une part, des professionnels qui ont été embauchés à un poste en éco-production, que nous appelons *personnes en charge de l'éco-production*. D'autre part, des professionnels qui ont eu la responsabilité de les embaucher, c'est-à-dire, des producteurs (57 %) ou des directeurs de production (43 %).

À la suite de ce questionnaire, a été organisé par l'association un groupe de travail afin de remettre en perspective ces données avec des personnes directement concernées par ces changements. Vingt-sept professionnels (producteurs, réalisateurs, régisseurs, personnes en charge de l'éco-production, prestataires spécialisés en éco-production et institutionnels) ont pu échanger sur l'apparition de ce nouveau métier et sur les conséquences de son apparition. Les analyses de l'enquête se déclinent en trois points : dans quel cadre se construit cette nouvelle activité, la formation des personnes qui en ont la responsabilité et les missions qui lui sont attribuées.

Concernant les profils des personnes, un premier résultat émerge du point de vue du genre, les personnes qui ont été embauchées à un poste en éco-production suivent cette répartition : 66 % de femmes et 34 % d'hommes. L'analyse des rapports sociaux de genre sera approfondie plus avant dans l'ouvrage. Notons déjà que cette coloration genrée du poste est très majoritaire. Autre élément : l'âge moyen des femmes en charge de l'éco-production est de 36 ans ; celle des hommes, de 42 ans.

1.1. Les conditions d'exercice d'un nouveau métier

Le type de contrat privilégié est l'intermittence en CDDU d'une seule personne à un poste en éco-production. En effet, sur les 76 répondants, les formes d'embauche sont les suivantes : 71 % d'intermittents en CDDU, 18 % de salariés d'une société de production, 13 % de prestataires spécialisés dans l'accompagnement en éco-production ; 14 % d'auto-entrepreneurs, et 15 % autre[24]. À noter également que 38 % des répondants déclarent avoir été embauchés en complément d'un autre poste.

Les personnes interrogées ont en moyenne 11 ans d'expérience dans les métiers de la production audiovisuelle. Ce ne sont donc pas des primo-arrivants dans le secteur, mais des personnes qui pour la plupart réfléchissent

[24] Certaines personnes ont pu répondre plusieurs fois car elles n'ont pas embauché ou été embauchées dans les mêmes conditions d'un tournage à l'autre, ce qui explique que le total soit supérieur à 100 %.

depuis de nombreuses années à intégrer des actions éco-responsables dans leur pratique professionnelle. Le métier d'origine des personnes embauchées sur ces postes se répartit de façon assez égale entre régie, direction de production et assistance de production : 20 % régisseurs, 14 % directeurs de production et 11 % assistants de production[25].

Les personnes embauchées en éco-production le sont généralement sous la Convention Collective Nationale de la Production Audiovisuelle au poste suivant, et avec la rémunération correspondante : 34 % régisseur adjoint, 22 % assistant de production, et 15 % assistant régie adjoint. Dans les faits, ces professionnels sont rattachés au département production pour 72 % d'entre eux (malgré leur type de contrat) ou à la régie pour 45 % d'entre eux.

Les chargés de l'éco-référence sont rémunérés de la manière suivante (en prenant en compte la revalorisation salariale du 1er février 2024). En tant que régisseur adjoint ou assistant de production : 35 h / semaine = 696,89 € (39 h / semaine = 796,45 €). En tant qu'assistant régisseur adjoint : 35 h / semaine = 451,99 € (39 h / semaine = 516,55 €).

Une tâche essentielle de la personne en charge de l'éco-production est la planification d'une stratégie globale et l'accompagnement des équipes. On distingue plus précisément les missions suivantes, les pourcentages indiquant la récurrence de ces réponses dans l'analyse du questionnaire :

- sensibilisation des équipes sur l'ensemble du temps de production : 84 %
- prise de contact avec toutes les parties prenantes (équipe, prestataires, etc.) pour présenter la démarche d'éco production : 82 %
- réalisation d'un Bilan Carbone : 77 %
- gestion des déchets : 71 %
- définition de la stratégie d'éco-production : 67 %
- récolte des données pour le bilan carbone de la production : 66 %
- synthèse et valorisation de la démarche : 58 %
- récolte des justificatifs pour la production : 51 %
- démarche de labellisation de la production : 41 %
- recherche de financement ou de partenariat : 22 %

---

[25] Pour les autres métiers d'origine : assistante de réalisation (3 %), chargée de production (3 %), apprentie HSE (3 %), chargée de développement (3 %), ingénieur HSE (3 %), coach comédien (3 %), aucun (3 %).

Pour une grande partie des personnes à un poste en éco-production, la formation aux questions environnementales appliquées à leur activité relève de l'autodidaxie. Ce parcours d'auto-formation volontariste s'effectue à la fois à travers leurs expériences et expérimentations de tournage et le partage de connaissances avec d'autres professionnels.

Les formations n'existent que depuis fin 2022 et les personnes exerçant ce métier depuis plus longtemps ont abondamment expérimenté avant de pouvoir intégrer un parcours de formation certifiant. Par ailleurs, même si 43 % d'entre eux ont répondu s'être auto-formés, 35 % ont validé une formation certifiante en éco-production, et 35 % ont eu une formation courte, soit sur des outils d'éco-production (bilan carbone, labellisation) soit à travers une sensibilisation plus globale aux enjeux sectoriels. Les professionnels du groupe *Personnes en charge de l'éco-production* ont généralement une connaissance précise de la fabrication d'une production audiovisuelle, ce à quoi ils et elles ajoutent de nouvelles compétences en éco-production.

1.2. L'éco-référence en perspective : leçons du groupe de travail

Au sein du groupe de travail a été discutée également la centralisation des connaissances et des responsabilités entre les mains d'une seule personne fait également débat. Dans certains cas, une telle centralisation ne permettrait pas aux équipes de s'impliquer pleinement dans la démarche, d'en comprendre les enjeux, d'en assumer les responsabilités. Pour le professionnel chargé de l'éco-production, le risque est alors d'être perçu comme celui ou celle qui impose des normes contraignantes, restrictives et pesantes. Une concentration de la fonction dans un seul métier, incarnée par une seule personne, risque aussi de normaliser, de gestionnariser et de rigidifier trop fortement les attributs et les rôles de cette fonction, voire de paralyser ou de décourager d'autres alternatives, expérimentations et inventivités associées à un sens personnel ou collectif de l'initiative. Pour réussir la mise en place de cette nouvelle fonction, il vaut mieux en être conscient.

En complément de ces points de vigilance, des opportunités réelles apparaissent. Le secteur semble être globalement mûr pour généraliser l'apparition de cette nouvelle fonction. La mise en place de l'éco-conditionnalité des aides du CNC ainsi que les annonces de plusieurs groupes audiovisuels en faveur d'une réduction de l'impact environnemental de leurs activités rend de plus en plus indispensables ces compétences en éco-production. Les connaissances et le temps nécessaires au bon déploiement d'une telle démarche plaident en faveur d'une personne spécifiquement dédiée à ce sujet pour assurer les objectifs de réduction poursuivis par les productions audiovisuelles.

Il ressort des discussions du groupe de travail ainsi que du sondage qu'une définition de ce nouveau métier pourrait notamment permettre de construire un cadre juridique précis autour de cette nouvelle activité. Cela permettrait aussi aux professionnels chargés de cette mission d'accroître leur légitimité auprès des équipes et de faciliter la transition du secteur.

1.3. La formation : des ressources partagées pour une démocratisation du « savoir éco-produire »

Dans les parcours des éco-référents, les temps de formation constituent un support important à la fois de transmission de différents savoirs et savoir-faire, ainsi que de bonnes pratiques issues des expériences de terrain. La voie de la formation professionnelle permet de démocratiser les processus et les procédés de l'éco-production en en généralisant les modalités. Cette encapacitation de tous.tes permet d'essaimer à tous les postes d'une production grâce au développement d'une offre thématique, depuis la post-production au tournage en milieu naturel, en passant par l'écriture de scénario ou l'animation[26]. Cette offre se décline tout autant sous forme de guides, de rencontres, de cours en ligne ou de podcast. D'une plateforme internationale d'e-learning visant les co-productions à la confection d'annuaires de prestataires éco-responsables et d'éco-référents, les publics de professionnels adressés de la sorte sont pluriels et les ressources associées diverses. La communication et la médiation participent à une phase de l'enquête menée par les professionnels du cinéma et de l'audiovisuel que le philosophe John Dewey a mis au cœur de sa conception du problème public en permettant le développement d'une communauté de concernement.

Selon Mathias Girel, « Dewey identifie deux conditions de développement du public : tout d'abord, la libération de l'enquête sociale de toute censure et sa discussion publique, ensuite la prise de conscience du fait que la présentation, la communication des idées relève d'une forme d'art et que ce de fait, la puissance de l'art peut, à sa manière, contribuer au développement de la communauté. »[27]

Les temps et les espaces de formation en tout genre coalisent des professionnels engagés dans des pratiques collectives d'éco-production. Des réseaux

---

[26] Cf. l'offre de l'association Ecoprod https://ecoprod.com/nos-formations/

[27] Mathias Girel, John Dewey, L'existence incertaine des publics et l'art comme « critique de la vie » https://philosophie.ens.fr/IMG/GIREL%202012%20DEWEY%20ART.pdf, p. 6

d'entraide autour des procédés d'éco-production émergent de ces collectifs apprenants, qui vont bénéficier aux films budgétairement moins dotés qui ne peuvent avoir recours à des prestataires spécialisés. L'éco-production ne semble pas se réduire à une affaire de spécialistes, mais suppose d'être prise en charge par chaque membre des différentes équipes techniques et artistiques formées à la prise en compte de l'empreinte environnementale de leur flux de travail.

2. Trois types d'organisation favorables à l'éco-accomplissement

L'enquête démontre que certaines formes d'organisation du travail peuvent être plus favorables pour que s'accomplisse collectivement la démarche d'éco-production. Trois types d'organisation ont été identifiés : l'internalisation, l'externalisation ou l'hybridation de certaines fonctions et missions de l'éco-référence.

Une première forme d'organisation consiste en une internalisation de la démarche d'éco-production. Par ces termes, nous entendons désigner les productions faisant partie du corpus étudié qui ont fait le choix de désigner ou d'embaucher une personne dans l'équipe afin de piloter et de mettre en place une démarche d'éco-production. On observe que le score moyen au Label Ecoprod des productions qui ont fait ce choix d'organisation est de 70 %.

Une deuxième forme d'organisation - obtenant un score moyen au Label de 73 % - consiste en l'externalisation de la démarche d'éco-production. Par ces termes, l'on désigne les productions qui ont fait le choix de faire appel à des prestataires spécialisés en éco-production afin de piloter et de mettre en place la démarche. Une troisième forme d'organisation de type hybride a pu être identifiée, qui renvoie à des productions ayant fait le choix d'internaliser une partie de leurs actions d'éco-production – principalement le pilotage et la sensibilisation – tout en faisant appel à un prestataire pour des tâches bien spécifiques telles que la production d'un bilan carbone, la gestion et la revalorisation des déchets ou encore la gestion de la consommation énergétique des locaux ou des studios. Pour les productions qui ont adopté cette organisation, le score moyen au Label Ecoprod est de 71 %.

Il apparaît que pour ces trois types d'organisation le score moyen au Label Ecoprod est quasiment le même, aux alentours de 70 %. Mais il apparaît aussi que les productions se sont majoritairement tournées vers une internalisation du pilotage et des actions d'éco-production ; 68 % d'entre elles ont choisi de désigner ou d'embaucher une personne dans l'équipe à un poste en éco production ; 11 % d'entre elles ont fait appel à un prestataire en éco-production afin d'être accompagnées dans une démarche d'éco-production ; 20 % d'entre elles ont choisi une organisation hybride, avec un pilotage par une personne désignée ou embauchée à un poste en éco-production, tout en faisant appel à un prestataire pour des tâches bien spécifiques présentées plus haut.

Par-delà les spécificités organisationnelles, une conclusion transversale se présente : dans tous les cas de figure, la démarche ne peut s'accomplir avec succès que lorsque la production en est à l'initiative, qu'elle se trouve incarnée tout au long du tournage par une personne en charge de l'éco-production et que tous les départements techniques se trouvent concernés et investis.

2.1. Internalisation par la production : de la désignation au pilotage

Pour les productions qui ont fait le choix d'internaliser la démarche, c'est-à-dire de désigner ou d'embaucher dans l'équipe une personne pour piloter et mettre en place la démarche d'éco-production, l'organisation favorable suppose une triple internalisation avec une personne désignée et embauchée à l'initiative de la production et pilotant la démarche en lien direct avec les postes du département production. Dans certains cas de figure la personne désignée en charge de l'éco-production assume en même temps une autre fonction (régie, direction de production, assistanat de production). Cette solution est souvent privilégiée par les productions les plus petites et par certains genres éditoriaux comme les documentaires.

Les productions qui ont internalisé le pilotage et la démarche d'éco-production, et qui ont réussi à avoir une organisation favorable représentent 57 % du corpus total, avec un score moyen au Label Ecoprod de 73,6 %. S'agissant des productions qui n'ont pas pu constituer une organisation favorable à une démarche d'éco-production, en ayant fait le choix d'internaliser la démarche, ces dernières représentent 11 % des productions du corpus total, avec un score moyen au Label Ecoprod de 55 %. Dans ce cas de figure, c'est l'absence d'appui à la personne en charge de l'éco-production dans différents départements, en premier lieu la production et la réalisation, qui explique ce faible score. Il en résulte parfois, pour les personnes en charge de l'éco-référence, une expérience d'isolement social au sein des équipes de tournage :

« *Étant en coproduction, je n'étais pas l'employeur de toute l'équipe et certains n'en avaient rien à faire et ont rigolé devant cette démarche* » indique un producteur qui était aussi chargé de l'éco-production.

2.2. Externalisation : pilotage et incarnation

Pour les productions qui ont fait le choix d'externaliser la démarche, en faisant appel à un prestataire spécialisé, l'organisation favorable à une démarche d'éco-production semble se réaliser si une personne à un poste en éco-production se trouve désignée ou embauchée sur le tournage, en plus du prestataire. Les productions qui ont externalisé le pilotage de leur démarche d'éco-production, et qui ont réussi à avoir une organisation favorable représentent 11 % du corpus total, avec un score moyen au Label Ecoprod de 74 %. Notre corpus ne comprend pas d'exemple de productions externalisées ayant eu une organisation défavorable à une démarche d'éco-production.

2.3. Hybridation : entre internalisation et spécialisation

Pour les productions qui ont fait le choix d'une forme d'organisation hybride, la démarche d'éco-production devient fonctionnellement favorable lorsque le pilotage est internalisé, qu'une personne en charge de l'éco-production est désignée ou embauchée tout en faisant appel à un prestataire pour des tâches bien spécifiques, telles que la gestion des déchets. Les productions qui ont adopté une forme hybride dans leur démarche d'éco-production, et qui ont réussi à avoir une organisation favorable, représentent 18 % du corpus total, et ont un score moyen au Label Ecoprod de 73,4 %. Une seule production n'a pas pu constituer une organisation favorable à une démarche d'éco-production, avec une organisation hybride.

3. Leçons des réussites et des échecs : pas d'éco-production sans appuis et ni alliances

Les fonctions et tâches de l'éco-référence s'inscrivent dans une dynamique organisationnelle plus globale. La pertinence et la réussite de la démarche d'éco-production sont à relier à la place qu'occupe la personne chargée de l'éco-production au sein de la structure de production et des agencements organisationnels.

Si cette personne est en lien direct avec les chefs de poste – tels que le directeur de production, de la régie générale, du chargé de production, du chef décorateur ou du chef opérateur – elle pourra d'autant mieux construire sa stratégie en collaboration avec elles et eux. Elle aura la possibilité de sensibiliser ces professionnels aux enjeux environnementaux, et de s'appuyer sur leurs connaissances de leurs activités respectives pour trouver les actions les plus pertinentes à mettre en œuvre pour réduire l'impact environnemental de chaque département. La nécessité de l'appui direct de la production (dans la désignation, le pilotage ou statutairement) n'a cessé d'être observée au cours de l'enquête, par nos répondants :

> « *Idéalement, il faudrait un directeur de production sensibilisé. Et, à chaque production, que soit posée la question de la mise en place de la démarche d'éco-production.* »

Dans le cas contraire, la personne en charge de l'éco-production n'aura que peu de latitude pour construire sa stratégie. Indépendamment du type d'organisation choisi, il ou elle arrivera trop tard pour construire son plan d'action. La question de la légitimité de la personne en charge de l'éco-production et de son statut dans les grilles hiérarchiques de la profession ne cesse d'être posée par nos répondants, une question qui, en plus de mettre à jour des asymétries sociales d'éco-responsabilité, occasionne tout autant des limitations fonctionnelles dans le déploiement de la démarche.

> « *Le fait de passer par des personnes qui ne sont que éco-référentes, qui n'exercent pas une activité [avec une] autorité professionnelle dans la production, je trouve que ça freine un petit peu le truc.* »

Si la production n'est pas engagée dans ce type de démarche, la réussite de sa mise en œuvre est beaucoup plus incertaine, entraînant à la fois des dommages environnementaux, mais également des dommages relationnels au sein de l'écosystème que constitue le tournage. De nombreux témoignages de personnes en charge de l'éco-production évoquent en ce cas « une grande solitude ».

A partir de ces expériences vécues, une contre-organisation fonctionnelle s'imagine à défaut de pouvoir être expérimentée dans son entièreté. Pour rendre plus performante la démarche, les pionnières et pionniers de l'éco-référence ambitionnent une réorganisation de l'éco-production associant une structure, des rôles et des fonctions, compte tenu du caractère pyramidal du secteur et des hiérarchies internes aux départements :

« *Pour une fonction aussi transversale, il faut un département : c'est trop important.* »

« *Je vois l'éco-production comme un département en tant que tel structuré suivant trois rôles : une direction qui parlerait d'égal à égal aux différents chefs de poste et qui va gérer les budgets, un éco-manager qui, à l'instar d'un assistant de production, est mobilisé sur le terrain et un éco-référent stagiaire effectuant les relevés de données pour alimenter le Carbon'Clap.* »

Parmi les facteurs socio-organisationnels favorables à une démarche d'éco-production et conduisant à un score labellisable, la proactivité du département production semble décisive. Cependant, au cours de l'enquête d'autres parties prenantes ont été mentionnées : les diffuseurs et « leur manque d'anticipation » et, en premier lieu, le couple production-réalisation.

Parmi les conditions défavorables aux démarches d'éco-production, les paramètres socio-organisationnels ne sont pas les seuls. De façon unanime, toutes les personnes en charge de l'éco-production ont mentionné le manque de temps, de la préparation à la conduite de la démarche pendant le tournage. Le manque de temps peut être lié à un déséquilibre structurel du secteur en matière d'accélération temporelle de l'activité de production, mais aussi à un manque d'engagement collectif dans la démarche :

« *Ce qui a manqué c'est le temps et l'implication de la coprod. J'insisterais sur l'importance des jalons, d'une démarche structurée.* »

« *On gagnerait un temps fou si les réalisateurs étaient un peu plus impliqués.* »

« *La méthodologie et les usages quand ils sont internalisés avec des équipes mises à contribution (et du temps de travail supplémentaire) plutôt que d'embaucher quelqu'un d'extérieur pour se dédouaner.* »

Dans la conduite accomplie de l'éco-production, il semble que l'organisation temporelle soit une nécessité.

4. Les temps alloués à l'éco-production : anticipations et répétitions

Il est utile d'examiner le temps de présence des personnes ou prestataires dédiés aux enjeux d'éco-production sur les trois phases de fabrication que sont la préparation, le tournage et la post-production. Globalement, les productions qui ont pris en compte les enjeux d'éco-production au début de la préparation ont alloué un temps spécifique à une démarche d'éco-production selon des modalités précisées.

Répartition du temps consacré à la démarche d'éco-production

Prenons l'exemple d'une production type qui aurait organisé son temps de production de la manière suivante : 30 jours de temps de préparation, 30 jours de temps de tournage et 60 jours de temps de post-production. Si l'on reprend les temps moyens alloués à la démarche d'éco-production en préparation, sur le tournage et en post-production présentés plus haut, et que nous les intégrons à notre production type, nous obtenons la répartition ci-dessous.

Temps de préparation : sur 30 jours de préparation, une personne (désignée ou embauchée) ou un prestataire en éco-production aura dédié 11 jours (soit 37 % du temps de préparation) à la planification de la démarche d'éco-production. Ses actions ont principalement été de rédiger une feuille de route globale, de concevoir la stratégie d'éco-production en lien avec le producteur, directeur de production et les chefs de postes, de rechercher des prestataires et des parties prenantes éco-responsables.

Temps sur le tournage : sur 30 jours de tournage, une personne (désignée ou embauchée) ou un prestataire aura consacré 16 jours (52 %) à l'application de la démarche d'éco-production. Ses actions ont été de sensibiliser toutes les parties prenantes, déployer sur le terrain la stratégie d'éco-production, de gérer l'alimentation sur le plateau, récolter les données pour un Bilan Carbone ou une labellisation, gérer le tri et la revalorisation des déchets.

Temps en post-production : sur 60 jours de post-production, une personne (désignée ou embauchée) ou un prestataire aura dédié 9 jours (15 %) à l'application de la démarche d'éco-production. Ses actions ont été de produire un bilan carbone, constituer un dossier de labellisation, synthétiser la démarche d'éco-production.

Sur le plan qualitatif, l'analyse des réponses au questionnaire démontre une récurrence – voire une obsession – quant à la problématique du temps et de l'organisation du travail des chargés d'éco-production, quel que soit leur statut.

Dans un contexte sectoriel d'accélération des flux de production audiovisuelle sous la pression notamment des diffuseurs tels que les plateformes de streaming vidéo, la mise en place d'une production éco-responsable suppose un certain temps d'organisation. Il apparaît que ce temps pris à déployer cette démarche que l'on a décrit plus haut suivant les différentes séquences d'une production est à reconsidérer non pas comme un « temps en plus » mais bien comme un gain, un gain budgétaire, un gain formatif et un gain transformatif.

Du point de vue des différentes tâches accomplies par les personnes chargées de l'éco-production, on trouve des activités liées à la matérialité dans toute son épaisseur temporelle telles que trier des déchets, sourcer des vêtements de seconde main en relation avec le département costume, rechercher des prestataires éco-responsables, identifier des alternatives de mobilité ou d'énergie ou récolter les données d'éco-responsabilité.

Les récits des personnes interrogées décrivent de façon paradoxale ces temps pris à trier, à sourcer, à peser, à calculer, à la fois comme un surplus temporel donnant l'impression d'être pris dans un « tambour battant » mais également comme des gains de temps à venir, à la fois pour les individus concernés mais également pour le secteur dans son devenir (et comme un investissement, nous le verrons plus loin) :

> « *Le temps ça permet aussi de réfléchir à des solutions pour que cela coûte moins cher… du temps de brainstorming, etc. Sur plusieurs productions, je l'ai observé : donner du temps et le budgéter pour l'éco-référence, cela fait baisser les coûts.* »

Ainsi, le temps alloué à la préparation et la conduite de l'éco-production, du tournage à la post-production et la phase d'éco-reporting, se trouve vécu par les répondants comme un temps de formation personnelle et collective de ce qui prendra la forme, plus tard, d'une routine, comme par exemple de penser à la fois les actions et leur documentation dans le même mouvement afin de « préparer les équipes en amont, leur dire les données qu'ils doivent récolter ».

Ce temps alloué devient alors un temps de la répétition et non plus seulement de l'anticipation :

> « *Une fois que tout est mis en place, chacun participe. C'est surtout le temps de préparation ; une fois que tout le monde a tout mis en place, c'est juste exécuter dans le cadre de leurs activités de production personnelles.* »

À ce temps « formatif » est également associé un « temps transformatif » qui concerne un devenir du secteur qu'il s'agit de faire advenir dans la temporalité courte d'une éco-production. Il s'agit de travailler, à la fois en flux tendu et pour le futur, entre insoutenabilité psycho-physiologique pour les personnes chargées de l'éco-référence et soutenabilité pour les écosystèmes dont dépend toute activité humaine :

> « *Le recours à la seconde-main, aux ressourceries ou à la location de mobilier, pour les décors ou les costumes, permet de gagner de l'argent, mais cela prend du temps.* »

Ces temporalités de l'éco-production décrites par les répondants, entre anticipation et prospection, entre répétition et transformation, illustrent les gains expérientiel, relationnel et sectoriel qu'il s'agit de valoriser à ce stade. « Chaque expérience faite modifie celui qui agit et subit, et cette modification, à son tour, affecte - que nous le voulions ou non - la qualité des expériences suivantes, le soi étant un peu différent après chaque expérience de ce qu'il était auparavant[28]. »

À travers des efforts et des répétitions formatrices, l'éco-production trace et creuse une orientation, pour la profession et le secteur, dont la consistance réside largement dans la continuité et la cumulativité des expériences singulières de tournage.

5. Rapports sociaux d'éco-production : asymétries d'éco-responsabilité, stéréotypes de genre et nouvelles minorisations

L'éco-production n'est pas seulement une affaire de tri, de gourde, de vrac, tout cet ensemble de bonnes pratiques et inventions techniques amoindrissant l'empreinte matérielle d'un tournage. En écoutant les personnes en charge de l'éco-production, il nous est apparu que la mise en place de la démarche met en jeu avant tout des rapports sociaux. Ces rapports sociaux d'éco-production peuvent conduire à des asymétries d'éco-responsabilité, voire des conflictualités, susceptibles de freiner voire d'empêcher la démarche de s'accomplir, et donner lieu à des stigmatisations mais aussi des effets de minorisation inattendus.

5.1. Une question de légitimité entre matérialité et statut

Les rapports sociaux d'éco-production viennent, d'une part, reproduire les hiérarchies professionnelles structurelles du secteur mais, d'autre part, introduire des stéréotypes de genre. Se pose ainsi la question de la légitimité de l'éco-référence à la fois au plan statutaire mais également des représentations. Au plan statutaire, la légitimité de la personne chargée de l'éco-production dépend fortement des types de contractualisation et des rémunérations associées, comme le résume un répondant : « Quand tu es payé 100 balles sur

---

[28] John Dewey cité dans Alexandra Bidet et Carole Gayet-Viaud, *L'engagement comme expérience*, Raisons Pratiques, Éditions EHESS, 2023, p. 11.

une production, ta parole vaut 100 balles. » La partie consacrée aux formes d'organisation d'une éco-production a démontré des configurations plurielles quant à la mise en place de la démarche en fonction de trois types entre internalisation, externalisation ou hybridation. En fonction de la structuration éco-organisationnelle, les rapports sociaux vont se trouver déterminés par le triple facteur du département de désignation, de pilotage et du statut occupé. Les rapports sociaux d'éco-production peuvent être décrits dans certains cas comme de strictes relations de pouvoir :

> « *La plupart des éco-managers, à part quelques pointures, vont subir la production.* »

D'autres éléments peuvent entrer en jeu dans des rapports sociaux d'éco-production qui tiennent à l'économie même du projet notamment lorsqu'il s'agit d'une co-production :

> « *Étant en coproduction, je n'étais pas l'employeur de toute l'équipe et certains n'en avaient rien à faire et ont rigolé devant cette démarche.* »

Mais il existe également une dimension symbolique à l'illégitimité de l'éco-référence, compte tenu de la nature jugée triviale des tâches qui incombent aux personnes chargées de l'incarner et de l'accomplir.

> « *Quand je vois que le tri est mal fait et donc physiquement j'en suis à trier les poubelles… moi qui ai plus de 50 ans… les équipes me voient trier les poubelles… quelle légitimité ai-je notamment pour parler ?* »

Les rapports sociaux d'éco-production ne mettent pas seulement en jeu des problématiques de statut et de hiérarchie des métiers mais plus radicalement des enjeux de représentation sociale et d'imaginaires professionnels. Raconter des mondes fictifs ou documenter des mondes existants suppose, à un titre ou un autre, une entrée par la matière et les choses. Cette matérialité des tournages, à l'origine du sentiment d'écœurement raconté par nos répondants quant à l'étincelle déclencheuse du concernement écologique des pionniers de l'éco-production, est à la fois matière à transformation si l'on reprend les termes du filmologue Étienne Souriau au sujet du « profilmique »[29] tout autant

[29] « Tout ce qui existe réellement dans le monde (…) mais qui est spécialement destiné à l'usage filmique ; notamment : tout ce qui s'est trouvé devant la caméra et a impressionné la pellicule », Étienne Souriau (dir.), *L'univers filmique*, « Bibliothèque d'esthétique », Flammarion, Paris, 1953, p. 3.

que matière déchue en puissance. Nous en verrons plus loin les conséquences au plan socio-environnemental, notamment concernant la prospective d'indicateurs spécifiques à l'éco-production pour laquelle la matérialité compte plus que dans d'autres secteurs. À ce stade, observons les conséquences sociales des agencements organisationnels de l'éco-production suivant une appréhension matérialiste de la démarche.

5.2. Une éco-responsabilité à sociologies variables

L'engagement par la trivialité, au plus près des poubelles jaunes, des personnes chargées de l'éco-production, n'est pas sans conséquence pour ce qui concerne la généralisation de la conscientisation. Les entretiens menés laissent penser que certains professionnels ne semblent pas très sensibles aux implications collectives de l'éco-production, au titre d'un certain « confort », comme l'exprime l'un des répondants :

> « *Le cinéma c'est une industrie de cadres, les gens sont bien payés… et ne font pas de concession sur leurs mauvaises habitudes.* »

Les stratifications internes au milieu, statutaires ou symboliques, vont peser sur l'accomplissement de la démarche d'éco-production lorsqu'elle est proposée, sous une forme ou une autre, au sein d'un tournage. Certains de nos répondants font une description explicite des rapports sociaux existant au sein d'une production, qui vont ensuite expliquer certains ressentis et vécus d'asymétries d'éco-responsabilité :

> « *Un plateau ce n'est pas un collectif, c'est un lieu de travail collectif, mais ce n'est pas un collectif. Ce ne sont pas les mêmes droits, ce ne sont pas les mêmes devoirs, ce ne sont pas les mêmes considérations entre les individus. On est dans quelque chose qui ressemble beaucoup à une société de castes, "machin, il n'a pas le droit de dire ça, parce que lui il n'a pas le poste pour dire ça".* »

Parmi ce que nous désignons par asymétries d'éco-responsabilité, c'est-à-dire une division sociale non égalitaire dans la conduite de l'éco-production, les plus fréquemment citées d'entre elles par nos répondants renvoient à une proactivité distincte entre l'équipe technique et l'équipe artistique. Dans la partie consacrée aux formes d'organisation, il a été question des inégalités hiérarchiques au sein des équipes techniques. Les personnes chargées de l'éco-production évoquent aussi des asymétries résultant d'une moindre implication de certains membres, avec dans certains cas des singularités relatives à l'équipe artistique.

> « *S'il y a trop de différences, cela peut créer une ambiance délétère. Parfois les comédiens ne voulaient pas manger avec l'équipe, ou il faut convaincre le réalisateur de prendre le train.* »

> « *Le surcoût du confort est supérieur au surcoût de l'éco-production.* »

Pour certains des répondants, la première action pour remédier à ces asymétries serait de généraliser l'éco-contractualisation afin que stars et comédiens, producteurs et réalisateurs, soient plus fortement impliqués vers le même objectif d'écologisation de la chaîne de production. En ce sens, les propositions d'éco-contractualisation de l'équipe artistique sont en cours de formulation, voire de formalisation dans certains groupes audiovisuels. Certains répondants proposent ainsi leur vision de cette éco-contractualisation :

> « *Pour les demandes prioritaires sur les enjeux d'éco-production : imposer un maximum d'exigences aux comédiens et gros salaires. Les loges de 25 mètres de long, c'est ridicule, surtout quand on a 10 comédiens comme ça. Il serait temps que les règles ne soient pas que pour les autres.* »

Les aspects matériels de l'éco-contractualisation vont, par exemple, toucher aux propositions de mobilité collective qui mettent en visibilité des voies d'accès différenciés aux lieux communs de travail :

> « *C'est un point Godwin dans les négociations avec les agents avec une ambiguïté car les talents disent oui et ensuite, au début du tournage, ils veulent des véhicules personnels, des loges, etc. Et cela met la démarche d'éco-production en porte à faux vis-à-vis des équipes techniques qui estiment se sacrifier, comme avec le co voiturage sur le tournage qui a été mis en place. Très souvent, on recevait les appels des agents qui nous expliquaient que le pickup était partagé et que leurs talents râlaient.* »

Ces asymétries d'éco-responsabilité entre l'actorat parfois starifié et l'équipe technique rassemblée sous le même régime convivial du « ramassage scolaire avec tout le monde à la même enseigne avec un bus pour tout le monde » sont à rapporter à une asymétrie quant à l'absence de discussion directe avec les comédiens sur ces problématiques de voiturage collectif ou d'habiter en commun, à rebours du logement hors-sol que représente la loge personnelle chauffée au diesel.

Le déploiement de l'éco-production, au seuil de sa phase d'institutionnalisation, représente une séquence de réflexivité intra-professionnelle qui ne se conjugue cependant pas sur le mode d'une auto-critique radicale mais peut d'abord laisser entrevoir des perspectives mobilisatrices en faveur des collectifs mêmes :

> « *Ce qui est très beau, cela fédère les équipes et les gens parlent d'autres choses que de se plaindre. J'ai fait les plus gros films de cinéma français et j'ai connu les comédiens qui voulaient la plus grosse loge, les jets privés, la playstation satellitaire... Les mentalités évoluent vite.* »

5.3. Entre solidarité retrouvée et effets de minorisation inattendus

À l'écoute des répondants, nous pouvons émettre l'hypothèse que la prise en compte croissante des enjeux écologiques, ainsi que l'ambition des grands groupes audiovisuels de labelliser leurs productions, constituent une séquence révolutionnant quelque peu les hiérarchies statutaires et symboliques au sein du secteur. Ce nouveau paradigme semble promouvoir l'égalité de traitement matériel et la fin des privilèges hôteliers entre les membres des équipes techniques et artistiques au profit d'une solidarité retrouvée, mais occasionne des effets de minorisation inattendus.

> « *Nous, on avait un bus, et on a fait monter des comédiens, des stagiaires, tout le monde ensemble. Toute la production, tous les talents sauf la comédienne principale ont joué le jeu en exemplarité... Cela a créé des tensions entre comédiens et on a avalé des couleuvres pour des caprices de stars... in fine, cela l'a marginalisée.* »

Viandards et stars en tout genre se retrouvent minorisés paradoxalement quand le mouvement veut aller vers un concernement plus que collectif, de l'ordre du planétaire. À cette échelle, les privilèges tombent, ce que certains décrivent comme la fin du Moyen-Âge en matière de tournage :

> « *Un tournage, c'est le Moyen Âge... ce sont des relations sociales horribles.* »

Cela peut laisser entrevoir que l'agencement organisationnel d'une éco-production accomplie peut se définir comme un agencement collectif conférant des capacités pour un agir écologique également réparties, et transcendant des hiérarchies socio-professionnelles internes propres à un secteur.

5.4. Des effets de stigmatisations à l'intersection entre stéréotypes de genre et déni écologique âgiste

Depuis le 1er janvier 2021, les aides du CNC sont conditionnées au respect par les entreprises qui les demandent, d'obligations précises en matière de prévention et de détection du harcèlement sexuel[30]. Ce sont également des faits de harcèlement moral qui nous ont été décrits par ou à propos d'une certaine catégorie de personnes à un poste d'éco-production, le plus souvent des femmes, de jeunes femmes. Ce qui peut amener à pointer un ensemble d'attitudes harcelantes genrées au sein des équipes.

> « *Une jeune femme [en charge de l'éco-production] m'a appelé l'autre jour en pleurs et je lui ai dit qu'il y avait un référent harcèlement.* »

> « *Éco-manager, c'est un homme cadre ou une femme mal payée.* »

L'enquête complémentaire menée au sujet du profil des personnes à un poste en éco-production nous indique une importante féminisation de cette activité avec une part de 66 % de femmes contre 34 % d'hommes incarnant ces nouveaux rôles au sein d'une production. Une différence de genre mais également d'âge, les femmes ayant en moyenne 36 ans. Un premier niveau de stéréotypie est mentionné par les répondants dont la légitimité d'une démarche obligée a pu se trouver entravée par des représentations genrées de l'éco-production.

> « *On s'aperçoit qu'il y a de plus en plus d'autres personnes qui font les formations mais il y a toujours les gens qui se moquent "ouais c'est un truc de filles", mais ça va de toute façon devenir obligatoire notamment pour les fictions.* »

Cette représentation genrée renvoie à la division sociale du travail imposée aux femmes dans l'histoire de l'économie patriarcale. Les tâches de l'éco-référence sont en partie constituée « de basses besognes qu'il s'agit d'anoblir » comme l'exprime une personne à un poste en éco-production qui, en tant qu'homme, fait l'expérience que connaissent toutes les femmes de l'illégitimité de ces activités en raison de leur appartenance historique au rayon des tâches ménagères.

---

30 Conditionnalité des aides du CNC – Formation violences sexistes et sexuelles, 5 février 2024 https://www.cnc.fr/professionnels/communiques-de-presse/le-cnc-lance-la-formation-prevenir-et-agir-contre-les-violences-sexistes-et-sexuelles_1335346

Comme le rappelle la sociologue Geneviève Pruvost, la scission entre sphère reproductive et sphère productive, s'est accompagnée d'une spécialisation des femmes dans le travail ménager et d'une requalification de ces tâches en corvée. Il est intéressant de considérer aujourd'hui qu'un archipel contemporain de pratiques et d'expériences observé par la sociologue d'un « féminisme de la subsistance » vient réinscrire le travail domestique dans l'économie de production matérielle de biens de première nécessité.[31]

La reconnaissance réglementée de cet ensemble de tâches matérielles, associées aux déchets, qui constituent une partie de l'activité des personnes à un poste en éco-production, introduit une inversion des valeurs productives et par conséquent de genre. L'économie de la subsistance – dévolue patriarcalement parlant aux femmes – intègre la chaîne de valeur d'une production, mais non sans résistances et non sans violences symboliques. Ces résistances et ces violences symboliques viennent, paradoxalement, confirmer le caractère profondément renouvelant de la démarche d'éco-production au sein d'une économie de type industriel.

Aux asymétries de hiérarchie de postes entre intermittents et cadres de production que nous avons pointées plus haut, semble de plus s'ajouter des stéréotypes, non seulement de genre pour les jeunes femmes chargées de l'éco-production, mais des étiquetages stigmatisants quant à la perspective écologiste de leur démarche professionnelle.

> « *De fait, y a les éco-référentes jeunes vegan et tout, qui se font vite bouffer.* »
> « *Les éco-référentes sont parfois perçues comme des "féminazies".* »

Les mots cités retentissent forts et rendent compte du caractère symboliquement violent des archétypes forgés dans le cadre d'interactions au travail qui relèvent tout à la fois du sexisme, de l'âgisme et d'un anti-écologisme. La circulation sociale, au sein d'un milieu professionnel, de ces archétypes stéréotypiques « féminazies », « jeune femme *vegan* » pourrait être corrélée avec les représentations médiatiques stigmatisantes que peuvent connaître les jeunes femmes mobilisées pour l'écologie. La figure la plus emblématique de cette déclinaison écologiste des logiques intersectionnelles de domination patriarcale demeure Greta Thunberg cumulant du fait de son genre, de son

[31] Geneviève Pruvost, « Penser l'écoféminisme. Féminisme de la subsistance et écoféminisme vernaculaire », *Travail, genre et sociétés*, vol. 42, n° 2, 2019, pp. 29–47.

âge, de sa neurodiversité et de son combat anti-écocidaire tous les types de harcèlements moraux.[32]

Comme le constate dramatiquement l'une des jeunes femmes à un poste en éco-production interrogées, il est « difficile de mener tous les combats en même temps : harcèlement, éco-production... ». Cependant, ces combats relèvent bien de la même démarche d'une écologie des interactions multispécifiques. La démarche d'éco-production relève en effet explicitement d'une mobilisation intersectionnelle :

> « *On a un côté un peu pionnier dans cette démarche et c'est le début d'un petit mouvement qui sera peut-être grand, et il ne faut pas se laisser intimider par une quelconque violence : ne pas être pris de haut, ne pas supporter la critique par suffisance, fainéantise... il va falloir qu'on nous respecte !* »

Comme l'analysent Cara New Daggett et Fanny Lopez, pointer les violences extractivistes et écocidaires des infrastructures des sociétés thermo-industrielles au travers de « la critique féministe nous amène à considérer que nous sommes tous.tes des goélands mazoutés pris dans une marée pétro-masculiniste. »[33]

5.5. Du milieu aux milieux, le continuum des trois écologies au cœur de la démarche d'éco-production

Comme le fait remarquer l'un de nos interlocuteurs, « il n'y pas de sanction pour l'éco-production pour l'instant, a contrario du harcèlement sanctionné légalement. »

---

[32] Chang Sup Park, Qian Liu, and Barbara K. Kaye, 2021, Analysis of Ageism, Sexism, and Ableism in User Comments on YouTube Videos About Climate Activist Greta Thunberg. Social Media + Society, 7(3). https://doi.org/10.1177/20563051211036059 Cette étude a également révélé que l'incivilité était étroitement ancrée dans les idéologies de l'âgisme, du sexisme et du capacitisme. La majorité des commentaires incivils n'abordent même pas le travail de Thunberg sur le ralentissement du changement climatique, mais se concentrent plutôt sur ses caractéristiques personnelles. Environ un tiers des commentaires attaquent son caractère et sa vie personnelle, notamment son âge, sa scolarité, son apparence, ses manières d'élocution et son autisme. Il convient particulièrement de noter l'accent critique mis sur Thunberg en tant qu'adolescente souffrant d'une maladie mentale.

[33] New Daggett Cara, 2023, *Pétromomasculinité*, Wildproject, préface de Fanny Lopez, p. 13.

Le continuum des violences symboliques sexiste, âgiste et anti-écologiste rapportées par les personnes évoluant à un poste en éco-production vient rendre compte, dans la négativité, de l'ampleur de la démarche d'éco-production qui engagent trois dimensions écologiques intriquées entre elles. Ces trois dimensions, Félix Guattari les a délimitées comme « écologie mentale », « écologie sociale », « écologie environnementale ». Le psychanalyste philosophe décrit ainsi son projet de penser en continuité les relations de soi avec les autres et avec les milieux :

> « Les perturbations écologiques de l'environnement ne sont que la partie visible d'un mal plus profond et plus considérable, relatif aux façons de vivre et d'être en société sur cette planète. L'écologie environnementale devrait être pensée d'un seul tenant avec l'écologie sociale et l'écologie mentale, à travers une *écosophie* de caractère éthico-politique. Il ne s'agit pas d'unifier arbitrairement sous une idéologie de rechange des domaines foncièrement hétérogènes, mais de faire s'étayer les unes les autres des pratiques innovatrices de recomposition des subjectivités individuelles et collectives, au sein de nouveaux contextes technico-scientifiques et des nouvelles coordonnées géopolitiques. »[34]

La violence symbolique faite aux jeunes femmes dans le cadre des activités de l'éco-référence constitue une violence mentale et sociale. Et pour certains répondants, ces dernières sont à mettre en continuité avec la violence écocidaire à laquelle peut contribuer un tournage :

> « *Il y a un truc qui m'a toujours choqué, ce sont les équipes qui se permettent tout et n'importe quoi sur place. Respecter le milieu dans lequel on travaille, c'est aussi respecter l'environnement humain et social.* »

> « *L'éco production, c'est du bon sens, je ne devrais pas avoir à expliquer. C'est pas politique, c'est aussi une dimension de l'intime, du rapport au monde. Respecter l'environnement, c'est respecter l'autre.* »

Cette dernière déclaration promouvant l'inventivité éthique qu'appelle la démarche d'éco-production semble déjà se concrétiser dans une relation soignée aux milieux humains et non-humains avec lesquels il va s'agir de vivre intensément :

> « *Quand on arrive sur un lieu de tournage, on aime bien les milieux dans lesquels on travaille, on fait très attention à promouvoir l'économie locale, c'est un intérêt à être sympathique, avec les gens avec lesquels on travaille.* »

---

[34] Félix Guattari, *Les trois écologies*, Galilée, 1989.

5.6. Réinventer les convivialités, restaurer les écologies de travail

La dimension anthropologique des activités de travail est au centre de la plupart des entretiens que nous avons menés pour cette enquête. En effet, pour beaucoup de nos interrogés, l'éco-production n'est pas réductible à une série de normes, de règles et de contraintes nouvelles, mais suppose d'apprendre à inventer d'autres formes de vie sur les tournages, d'autres convivialités et d'autres rapports sociaux de production.

> *« J'ai commencé à travailler dans le cinéma dans les années 1980, où il y avait plus d'argent qu'il n'en fallait, mais donc une forme de confort, l'impression que tout est possible ; que si on a besoin, on le fait. Les budgets se sont restreints, notamment du fait des crises économiques. On est passé du champagne au cubi. Cela crée une autre question : est-ce qu'on aime être ensemble à faire ce que l'on fait ou, juste, on remplit un cahier des charges et c'est le moins cher, le plus rapide, qui va être tourné ? En fait, on ne se pose même plus la question de savoir si on aime être ensemble à faire ce que l'on fait. On tire les coûts au rabais. On est dans un rapport très lointain par rapport à l'idée que l'on va faire de l'art ou même de la notion de désir. Maintenant, tout est un peu pareil : c'est plus "je suis une force de travail sur ce tournage, quelle que soit ma fonction". J'observe une perte de sens, d'accomplissement, sur les plateaux de tournage. (…) Des réductions dans les temps de tournage, des réductions de tous ordres. Quelle vie on vit ensemble, de quelle manière ? La question c'est aussi celle de créer de belles aventures collectives. Comment est-ce qu'on fait pour avoir de la convivialité ? »*

Le monde des tournages est depuis longtemps caractérisé par la dépense, la profusion et l'abondance, la liberté et la création y étant originellement associées. Mais les conditions temporelles d'exercice de la profession, l'accélération des échéances et la gestionnarisation des activités, ne cessent de dégrader la qualité des conditions de travail, les relations interpersonnelles de production et les expériences individuelles et collectives qui y ont cours. En parallèle, la présence d'une table régie alimentée en continu témoigne d'un héritage consumériste du secteur, avec des plateaux que certains comparent à une « fête foraine » ou un « cirque ». L'éco-production contredit-elle cet héritage ou invite-t-elle à prendre soin autrement des écologies de travail ? Plus largement, de quelles écologies de travail l'audiovisuel et le cinéma seront-ils porteurs dans les années à venir ?

Pour beaucoup de nos interrogés, la question n'est pas tant de passer d'un gaspillage à sa suppression, de façon brutale et aride, que de savoir où situer la dépense, la profusion, la couleur et la générosité pour faire exister d'autres convivialités. L'éco-production interroge d'abord les conditions matérielles de la convivialité pour de nouvelles écologies de travail. L'un de nos interrogés s'étonne : « dans quelle entreprise on sert à manger à l'équipe toute la journée ? (…) Le secteur, ce sont généralement des équipes biberonnées aux marques : Haribo, Coca-cola… » En réponse à ce modèle de consommation, beaucoup estiment que la carte de la frugalité et du renoncement ne fonctionnerait pas. Une logique de privation pourrait même nuire à la démarche d'éco-production dans son ensemble.

Comment dissocier l'éco-production de l'idée de diminution voire de perte ? L'un de nos interrogés parle d'une « tactique de déprise », « par exemple commencer par un pot de début de tournage avec des produits locaux et régionaux ». Comme le raconte ce même interrogé, « la convivialité est à mettre en scène ; je ne vais pas jouer sur l'image de la décroissance alors que je suis un bon vivant : le montrer. » Il existerait alors « une convivialité à mettre en scène, à surjouer » pour honorer la nécessité d'une forme de générosité, de liberté et de bien-être au sein des équipes. En réponse aux nouvelles conditions formelles de production liées aux préoccupations environnementales, c'est donc l'envergure existentielle des engagements et des générosités qui assure le renouvellement du mode d'existence des tournages. La personne en charge de l'éco-production apparaît alors comme un « visage chaleureux, une énergie positive sur un tournage », la promesse d'une recomposition des formes de vie et de travail en situation.

Pour beaucoup, en effet, l'éco-production ne signifie ni tristesse ni diminution. Elle ne consiste pas en un appauvrissement de la texture sensorielle des tournages. Comme le raconte un autre interviewé avec humour, « un gâteau bio, tu le manges pas comme des pépitos », témoignant des relations entre la qualité des aliments, les formes d'appréciation et les comportements des équipes sur les tournages. Avec l'éco-production, c'est une culture professionnelle qui réinvente ses conditions matérielles d'existence : des habitudes, des formes de vie, des plaisirs et des convivialités, des manières de se nourrir aux manières de se comporter, du plaisir tout court aux rapports sociaux d'éco-production.

L'éco-production vise à se prémunir d'une forme de décroissance triste ou pénible à accueillir : elle réside davantage dans le fait de « produire mieux et de travailler autrement avec d'autres » estime une interviewée. L'éco-production consiste à prendre soin des écologies matérielles et des écologies de travail pour inventer l'étoffe sensorielle d'un monde plus savoureux et plus qualitatif, comme faire « croître la qualité, l'émotion, le partage » ou veiller à retisser des relations consistantes et attentives entre les êtres. Comme le rappelle le philosophe Pierre Montebello, les êtres qui composent un monde sont un « tissage de relations » qui peuvent consister ou perdre leur consistance : « Nous nommons monde l'ensemble mouvant d'êtres interdépendants avec lesquels nous sommes imbriqués, que nous composons ou que nous laissons décomposer, que nous faisons consister ou que nous livrons à l'inconsistance. »[35]

Aux approches punitives, amincissantes et arides de la sobriété, beaucoup de personnes à un poste en éco-production opposent donc une approche qualitative, généreuse et consistante des écologies de travail, où la texture même des relations entre les êtres et les réalités en présence s'expérimente autrement, en suscitant une attention et un soin renouvelés. L'écologie, ce ne sont pas seulement des gestes « pour l'environnement », mais aussi et d'abord « l'écologie des relations sur un plateau ».

La dimension anthropologique de l'éco-production y apparaît donc centrale. Comme l'explique l'un de nos interrogés : « On investit sur une très bonne cantine, on y accorde de l'importance. On ne fait pas de l'écolo punitif. Avec une bonne cantine de qualité, on lutte contre le gaspillage aussi. Il faut que l'équipe soit contente, pas seulement pour des raisons de management. On n'a qu'une heure pour faire ce repas, ça peut respecter les ambitions d'Ecoprod mais ça peut aussi être un moment agréable ».

De la même manière, explique un autre interrogé, « quand on arrive sur un lieu de tournage, on aime bien les milieux dans lesquels on travaille, on fait très attention à promouvoir l'économie locale, c'est un intérêt à être sympathique, avec les gens avec lesquels on travaille. »

> « *C'est une cantine bretonne qui venait avec son barnum, et ils faisaient les repas dans la cuisine du gîte, ce qui est assez rare.* »

La générosité de l'éco-production peut aussi s'exprimer dans des gestes très simples et très anodins, ainsi que nous l'explique cette professionnelle chargée de la mise en place de la démarche : « On a acheté des tupperwares pour les équipes, les gens récupéraient des plats de lasagne pour leur famille, et ça a plutôt bien marché. » L'épanouissement passe alors « par la possibilité pour

---

[35] Pierre Montebello, *Métaphysiques cosmomorphes - La fin du monde humain*. Presses du Réel, 2015

les individus de prendre part à des réalisations collectives (…) connecter en pratique leurs existences et le cours du monde[36] ».

Sous la norme, l'éco-production peut donc consister à prendre soin et à favoriser des relations consistantes, bénéfiques et réciproques entre les êtres, avec une mutualisation des ressources, une intensification des intelligences situées, et tout ce qui assure et renouvelle l'écologie d'un plateau de tournage : en prêtant attention à la convivialité, au bien-être et au plaisir des équipes, l'éco-production peut donner lieu à une aventure de tournage basée sur une nouvelle écologie des relations de travail, une « croissance de la générosité ou une croissance du plaisir… Le plaisir d'être ensemble, y'a aucune raison de le faire baisser ». En ce sens, donc, l'éco-production représente en réalité, mais aussi en potentialité, un laboratoire de R&D en matière d'écologie du travail. De la sorte, le tournage devient une expérience de formes de vie à la fois justes et créatives, à encourager et à cultiver.

6. L'éco-production, une autre expérience du tournage

Nous n'avons cessé de croiser la figure des personnes en charge de l'éco-production. Cette profession qui émerge, cherche ses assises, ses formes d'intervention, mais aussi ses périmètres d'action et de légitimité. Nous voulons aussi parler des émotions qui accompagnent l'expérience réelle de cette profession encore à la recherche d'une position capable de favoriser, d'exalter et de soutenir l'engagement de l'ensemble des métiers pendant la durée du tournage.

6.1. L'éco-référence : entre curiosité, pédagogie et diplomatie

L'éco-production met en exergue l'importance des qualités d'accomplissement, le courage, l'implication, les formes de réussite et de réalisation, qui sont nécessaires à l'exercice de cette profession située à l'intersection de tous les postes et de tous les départements. Comment décrire, dans ce cadre, les formes d'implication et d'engagement que les personnes à un poste en éco-production parviennent à faire exister sur les tournages ?

L'éco-production peut être pensée comme une enquête à travers laquelle s'intensifie le besoin de se former, de s'informer, de comprendre, de s'approprier

---

[36] Alexandra Bidet et Carole Gayet-Viaud, *L'engagement comme expérience*, Raisons Pratiques, Éditions EHESS, 2023, p. 20.

puis de relayer un ensemble de savoirs et de pratiques de la façon la mieux ajustée, c'est-à-dire avec autant de tact que de pédagogie. Pour exercer des fonctions d'éco-production, se manifestent le besoin de connaissances plus précises sur les impacts réels d'un tournage, pas seulement en termes d'émissions carbone, le besoin d'ordres de grandeur et de priorités pour agir aux endroits les plus avisés, le besoin d'arguments techniques, scientifiques, pour être en mesure d'opérer les bons arbitrages, « la mise à l'épreuve continuelle, itérative, individuelle et collective, de croyances et d'habitudes d'action[37] ».

Pour réussir, la démarche d'éco-production doit être présentée d'une façon claire, précise, technique, mais aussi d'une façon pédagogique et lisible. Les équipes en présence peuvent se montrer réticentes à embrasser une telle démarche si la signification, la réalité et le bien-fondé de l'éco-production ne leur apparaissent pas distinctement. C'est pourquoi, ce poste en éco-production est principalement, au début des années 2020, un travail visant à expliquer, à faire comprendre, à transmettre et à soutenir l'ouverture, la disponibilité d'esprit et l'intérêt des équipes vis-à-vis de la nécessité d'enquêter ensemble, de faire importer ensemble le souci de faire évoluer les pratiques, pour plus de sobriété. Évidemment, l'éco-production ne signifie pas la même chose pour chacun des postes et des départements. C'est pourquoi, la personne chargée de l'éco-production doit souvent maintenir ouverte la possibilité d'une réflexivité collective, d'une part, et d'une réflexivité département par département, d'autre part. Parmi les besoins de ce nouveau poste, nos entretiens nous ont permis d'identifier les éléments suivants :

- besoin de cohérence et de robustesse en arguments techniques : avoir suffisamment d'éléments de compréhension d'un sujet au moment d'entrer en discussion, au cas par cas, avec le poste ou le métier impliqué par la décision à prendre ;
- besoin de faire comprendre la démarche à toute l'équipe : au début du tournage, mais aussi à la fin du tournage, et pendant le tournage faire des points réguliers ;
- besoin de sens : que les personnes comprennent pourquoi elles font ce qu'elles font et besoin de « bon sens » aussi : l'éco-production suppose de

[37] Alexandra Bidet et Carole Gayet-Viaud, *op. cit.*, p. 24.

« tourner au bon moment dans l'année », de « ne pas continuer à faire des choses aberrantes » ;
- besoin de temps réflexifs, pour digérer la démarche ensemble, voir ce qui a fonctionné et ce qui a échoué ;
- besoin d'éléments plus spécifiques, d'arguments concrets : être l'instance diplomatique entre la production, la réalisation, la régie et donner les bons arguments, et éviter que l'éco-production ne soit perçue comme une « coupe budgétaire » déguisée ; la mission d'une personne en charge de l'éco-production est pédagogique, pour expliquer qu'il ne s'agit pas de justifier des restrictions budgétaires ou des économies de la production ;
- besoin de légèreté aussi, d'humour : jouer sur l'humour, adoucir les choses, pour favoriser l'engagement ; beaucoup de professionnels évoluant à un poste en éco-production expérimentent des formes ludiques de transmission, de mise en discussion et d'appropriation pour construire un climat favorable à la mise en place de la démarche d'éco-production ;
- besoin d'anticipation, en amont : faire plus d'affichage pour le tri, par exemple, ou préparer davantage certaines situations, pour éviter les gaspillages ou les ratés dus à un manque de préparation ;
- besoin de se rencontrer entre professionnels en charge de l'éco-production : mettre en commun des bonnes pratiques et des ressentis, avant de mutualiser les expériences de chacun, et d'étendre les domaines de l'enquête ; démultiplier les occasions d'enquête en accédant aux retours d'expériences de ses pairs, par exemple.

Si toutes les productions que nous avons rencontrées ont bel et bien mis en place des actions de communication pour présenter la démarche d'éco-production, notamment avec des formats pédagogiques, mais aussi des formats créatifs, ludiques, voire humoristiques, c'est bien dans le but de créer une culture commune et un enthousiasme partagé dès le début du tournage, mettant en avant « l'intrication organique des investissements et des attraits, de l'engagement et de l'intérêt[38] ».

[38] Alexandra Bidet et Carole Gayet-Viaud, *op. cit.*, p. 24.

6.2. Distribuer les efforts et les responsabilités

Si la systématisation des actions d'ordre logistique ou technologique n'est pas toujours possible, si le temps manque ou si les recherches s'avèrent infructueuses sur tel ou tel aspect, nous observons cependant, d'entretien en entretien, que cette réflexivité collective peut s'intensifier graduellement, de production en production ou de saison en saison dans le cas des séries. Cette intensification de la réflexivité collective est indissociable du degré d'implication des équipes, d'une part, des latitudes, libertés, périmètres et responsabilités accordées aux personnes chargées de l'éco-production, d'autre part. « Loin d'être défini d'emblée, le commun est à la fois un point de départ et une visée, à mesure que se multiplient, se frayent et se partagent des distinguos à propos de ce qui importe ou laisse indifférent, les mondes à cultiver, à faire advenir, ou à fermer, à délaisser[39] ».

L'éco-production peut générer des effets d'autant plus significatifs que l'on accorde davantage d'écoute, d'attention et de légitimité aux efforts entrepris par les personnes qui en ont la charge à tous les niveaux de la réalisation du film.

Dans les entretiens que nous avons réalisés, le périmètre d'intervention de cette nouvelle activité a souvent été présenté comme flou, incertain, mais aussi trop restreint et limité. Certains se demandant dans quelle mesure une personne à un poste en éco-production pourrait avoir davantage de latitude et de possibilité de discussion avec la réalisation, le script ou la mise en scène. Ces éléments indiquent qu'il existe aujourd'hui une nécessité de mettre en discussion, le plus largement possible, les réalités matérielles et écologiques de la production du secteur, les manières de faire et les conditions matérielles d'existence du tournage, sans cantonner l'écologie à un rôle périphérique.

Le problème est réel : les personnes en charge de l'éco-production n'ont pas toujours un statut cadre, pas toujours de fiche de poste, et pas toujours la légitimité suffisante pour intervenir. L'un de nos interviewés s'interroge : « faut-il changer leur statut ou leur position hiérarchique ? » Cette nouvelle activité pourrait notamment apporter son concours dès les repérages et la stabilisation du scénario afin d'identifier des choses qui pourraient être évitées ou améliorées au moment du tournage, estime une autre interrogée. Ou encore : l'éco-production, « il faut que ça vienne d'en haut et que ça ruisselle :

---

[39] Alexandra Bidet et Carole Gayet-Viaud, *op. cit.*, p. 23.

ce que tu dis a plus de poids si ça vient de la production » souligne un autre interviewé.

Plus largement, il existe aujourd'hui une question relative à la distribution des efforts, à la répartition de la charge liée à l'éco-production. Une personne peut-elle à elle seule piloter la totalité d'une telle démarche ? Faudrait-il imaginer plutôt un groupe de personnes en charge de l'éco-production ? Plus l'éco-production s'institutionnalise, plus la charge administrative pesant sur les épaules d'une personne dédiée à cette tâche risque d'être importante, et certains estiment qu'il serait préférable de nommer une personne responsable des enjeux environnementaux dans chaque département, lorsque nécessaire. Toutes ces interrogations attestent des incertitudes de la profession concernant ses manières de s'organiser pour éco-produire mieux, se rendre capable de distribuer les rôles et les responsabilités, mais aussi les charges, les attentions et les soins nécessaires à ces fins.

6.3. Les affects des personnes chargées de l'éco-production

La gamme contrastée des émotions des personnes en charge de l'éco-production fait écho aux voies diverses du chantier de l'éco-production. Entre enthousiasme et frustration, fierté et découragement, les réponses aux questions liées aux affects de l'éco-production ne sont jamais univoques : « C'est un enrichissement, mais également de la frustration pour les gens, de la curiosité et de l'intérêt, de l'envie et, quant à moi, je suis passée par toutes les émotions. » Pour d'autres, l'éco-production, c'est « beaucoup de satisfaction, le sentiment d'être utile : on a la possibilité de faire bouger les choses dans un secteur stratégique ».

En revanche, des préoccupations environnementales importantes sont susceptibles d'accroître les inquiétudes et de déprécier la valeur des accomplissements que l'on perçoit : « Il peut y avoir un côté complètement déprimant de voir comment ça ne va pas du tout dans le bon sens, et à quel point la majorité des gens s'en foutent ». Dans l'ensemble, les choses sont souvent nuancées, comme en attestent ces deux témoignages, indiquant une satisfaction, mais aussi une solitude. Anxiété également avec l'impression de ne pas aller assez vite ou encore « quand tu recherches des moyens pour réduire et que tu ne trouves pas de solution, c'est rageant de ne pas trouver une voiture électrique aux Pays-Bas. Quand tu t'énerves pour qu'un membre de l'équipe prenne le train et qu'il le fait, c'est une petite victoire ! »

Dans la plupart des cas, le sentiment d'accomplissement prend le dessus, avec la « gratitude d'avoir le bon retour des gens à la fin du tournage » ou encore « le fait d'avoir fait ce dossier : je me suis aperçue qu'on avait quand même fait des choses, d'avoir accompli des choses contre le vent, le réal, certains techniciens, la prod, etc., je suis quand même fière, fière d'avoir accompli des choses, malgré le vent de face. »

L'engagement peut ici être décrit comme un enchaînement d'expériences et de circonstances qui alimentent un travail sur soi et contribuent à nourrir une expérimentation de soi-même et de l'activité nouvelle voire inédite.

6.4. Rendre visible la matérialité et s'ouvrir à d'autres cultures professionnelles

En pratique, ce professionnel ayant la charge de l'éco-production est d'abord une personne qui agit, qui circule d'un poste à un autre, qui met en relation, qui accompagne et qui aide, qui fabrique et défait des choses, qui s'assure de la bonne réalisation du tri, de la considération et du soin accordés aux milieux de tournage, de la participation effective de chacun aux efforts collectifs entrepris : « mieux vaut essaimer avec des gens qui ne sont pas encore totalement acquis à la cause ». Les arbitrages et les renoncements nécessaires à certaines façons de faire sont le fruit de discussions qui stimulent aussi cette réflexivité, y compris dans les moments de désaccord.

Comme nous l'a expliqué l'un de nos interrogés : « Le rôle d'éco-référent est un rôle visible qui fait réfléchir en le voyant faire. (…) Montrer l'exemple, mettre les mains dans les poubelles, refaire le tri, même si parfois l'on manque de temps. » Ce métier est donc d'abord et avant tout caractérisé par des gestes, des actes, une présence physique et matérielle, impliquée et attentive, qui est aussi une présence générative et pionnière : en le voyant faire, chacun interroge ses propres façons de faire et peut modifier ses pratiques en conséquence. De la culture professionnelle à la culture ordinaire, des habitudes de métier aux habitudes domestiques, il semble que la présence engagée, investie et attentive d'une personne en charge l'éco-production pendant la durée des tournages est susceptible d'avoir des implications profondes et durables, par-delà la durée du tournage. Ainsi, l'une de nos interrogées explique : « Une partie de mon travail est mesurable sur l'après-tournage au moment du retour dans la vie de tous les jours des participants d'un tournage et la prise de bonnes habitudes.

(…) C'est un entraînement, une expérimentation qui peut déteindre sur la vie quotidienne ou sur d'autres tournages. »

L'éco-production met l'accent sur une dimension propre à l'industrie cinématographique et audiovisuelle, à savoir qu'il s'agit d'une industrie de prototypes qui porte bien son nom : avec ce poste en éco-production, le tournage retrouve la tonalité d'un fait expérimental dans lequel chaque profession n'est pas de l'ordre du prestataire interchangeable, mais est susceptible de participer d'une aventure collective, réflexive, attentive et réciproque. Plus l'industrie préserve cette dimension originelle d'industrie de prototypes, plus l'éco-production semble aisée à faire exister : les marges de manœuvres, les latitudes, les possibilités d'invention et d'enquête sont plus grandes, l'intelligence et la créativité reprennent une place plus importante dans la confection des réalisations. Comme le raconte l'un de nos enquêtés, il s'agirait alors de « choisir ses contraintes, se définir un cadre, penser la créativité depuis ce cadre ».

Remettre la réciprocité, l'attention, le soin et l'implication au centre des cultures professionnelles du secteur : voilà sans doute l'effet bénéfique de la présence visible et investie d'une personne à un poste en éco-production pendant la durée du tournage. Ce sont, dans ce même mouvement, l'ensemble des imaginaires de la profession, des affects et des aspirations qui semblent redistribuées.

Ce métier participe donc d'une remise à plat des conditions d'existence des professionnels du secteur, en faisant de l'écologie au sens le plus abstrait du terme, une affaire d'écologie de matérialités, d'écologie de relations, d'écologie du travail, d'écologie des formes de vie et des possibilités d'invention de nouvelles manières de penser et d'expérimenter d'autres versions de soi-même, d'autres façons de concevoir son activité professionnelle, dans un espace où réflexivité et engagement, considération et réciprocité, ne peuvent être pensés séparément. Sous la norme et par-delà l'éco-production, il y a l'écologie matérielle effective d'un tournage : un faisceau d'existences, de réalités, d'expériences qui méritent d'être construites avec précaution et sensibilité.

6.5. Maintenir ouvertes les possibilités d'expérimenter et d'innover

L'éco-production est donc une expérimentation sociale, et pas seulement filmique : pendant la durée du tournage on teste, on ressent, on fait l'épreuve de quelque chose et on donne de la valeur aux « formes de vie » dont on fait l'expérience en situation, ce qui permet aussi de « repenser en profondeur la façon dont on fabrique les films ».

En symétrie et contraste avec ces engagements cumulatifs, transitifs et communicatifs d'une personne à une autre, ces professionnels en charge de l'éco-production se trouvent donc paradoxalement dans une position délicate qui nécessite aussi du tact, de la finesse et de la diplomatie, une personnalité et une endurance particulières. En effet, si l'éco-production a une chance d'être perçue comme autre chose qu'une justification arbitraire de coupes budgétaires, il importe que la personne en charge de l'éco-production ait suffisamment d'espace, de latitude, de légitimité et de temps pour expliquer, décrire et assurer la signification de chacune des actions initiées.

Plusieurs fois, les interrogés nous ont expliqué la nécessité de « faire un retour régulier aux équipes », soulignant le besoin de sens, de compréhension et de clarté, pour engager durablement, en profondeur et avec sincérité, cette démarche. L'éco-référence apparaît alors comme une profession extrêmement concrète, précise, attentive et diplomate, qui assure une relation vive et impliquée aux activités de production, qui nécessitent des décisions souvent plus réfléchies, moins précipitées. En plaçant des activités autrefois laissées aux marges du tournage (le tri, le réemploi, la seconde-main, la cuisine et la régie, la matérialité triviale et ordinaire du tournage), l'éco-référence devient l'occasion d'une mise en visibilité qui est aussi une mise en réflexivité. Toutefois, l'éco-production comporte aussi son lot d'échecs, de frustrations, de déceptions, d'impatiences, d'erreurs ou de mauvaises expériences. Le risque est alors que certaines expériences ne se solidifient et empêchent de futures expérimentations pour d'autres tournages : à chaque fois que quelque chose dysfonctionne ou ne réussit pas, c'est un risque nouveau de voir cette chose laissée de côté, avec une forte irréversibilité.

Pour pallier ce risque, de nombreuses personnes en charge de l'éco-production répertorient leurs échecs ou leurs déceptions pour construire un socle d'expérimentations futures ou spécifier leurs besoins d'une façon plus précise, mieux comprendre les connaissances qui manquent, ou les infrastructures qui manquent encore. À l'inverse, si les habitudes d'éco-production tendent à se solidifier et se normaliser à l'excès d'un tournage au suivant, c'est l'âme de ces démarches qui risque d'être perdue. Or, la démarche d'éco production suppose précisément une forme d'engagement, d'implication, d'enthousiasme et de questionnement partagés.

Il faut donc faire attention aux risques d'irréversibilité produite par des expériences négatives, des expérimentations ratées ou des choses qui ne sont pas satisfaisantes, si aucun travail ne permet de remettre en mouvement ces échecs ou ces déceptions. Le même risque se présente avec la phase d'optimisation du système de contraintes que constitue l'appropriation du label. Si cette appropriation est trop fluide, trop transparente et incorporée, peut-être que l'éco-production deviendrait une nouvelle norme comme une autre, à respecter, sans cette dimension d'enquête, d'expérimentation et d'engagement qui enrichit considérablement notre notion de l'écologie, en faveur d'une écologie des relations de travail, des ambiances et des formes de vie justes.

À trop simplifier les choses, une appropriation qui serait parfaitement fluide et complète tendrait à empêcher les conditions d'une réflexivité et d'une responsabilité collectives, à enquêter, à s'interroger, à tester, à inscrire ses efforts dans une cumulativité de recherches et d'incertitudes, de trouvailles et d'essais. Nous pouvons d'ailleurs rappeler ici que l'éco-production provient originellement des métiers en prise avec la matérialité du cinéma et de l'audiovisuel, et qu'il serait contre-productif de laisser l'éco-production devenir un nouvel outil de pilotage et de management des activités, ainsi que nous l'a expliqué un enquêté, un risque qui est aussi le grand paradoxe des trajectoires de réappropriation, de discussion et d'engagement. Du fait de sa présence, la personne à un poste en éco-production semble en partie prémunir la démarche d'une telle normalisation, banalisation, contre un solutionnisme administratif un peu hâtif, et en faveur d'actes, de discussions et de recherches continues et cumulatives, les uns avec les autres et auprès des autres.

DEUXIÈME PARTIE

Analyse Socio-Économique

« *L'éco-production n'est pas un surcoût, mais suppose de redistribuer le budget d'une production.* », un directeur des productions d'une chaîne de télévision

« *Improvisation et manque d'organisation engendrent des coûts supplémentaires réguliers sur une série fiction.* », une directrice de production d'une série

Les productions cinématographiques et audiovisuelles sont, structurellement et de longue date, soumises à de nombreuses exigences. Y faire face et relever les défis correspondants participe de la construction et du développement du professionnalisme des équipes, s'inscrivant dans un processus d'évolution. Les exigences et les ambitions de l'éco-production formulées au cours de ces dernières années constituent un nouveau champ d'investigation et d'action nécessitant une nouvelle mobilisation.

Il est courant de supposer qu'un tel engagement se traduit par une augmentation des coûts, mais l'analyse des productions étudiées montre que ce n'est pas une fatalité. L'engagement dans une démarche d'éco-responsabilité consiste à se projeter dans l'avenir en imaginant et en mettant au point de nouvelles pratiques plus vertueuses et respectueuses en matière d'impacts environnementaux. Rationaliser les besoins sur un tournage et trouver des solutions alternatives à des technologies carbonées permet de réduire les impacts environnementaux défavorables, avec en outre, dans bien des cas, une réduction des coûts.

Une telle démarche relève fondamentalement d'une logique d'investissement qui s'amortit dans la durée, sur plusieurs productions, et participe de l'évolution du secteur dans son ensemble. Il importe d'y consacrer du temps, de l'attention, de la réflexion, notamment pendant la phase de préparation, et c'est sur cette base que la démarche se déploie : « plus de temps veut dire plus de brainstorming pour prendre les bonnes décisions » explique une productrice que nous avons rencontrée.

La création d'un poste spécifique en éco-production induit des coûts supplémentaires, mais aussi des retombées positives à plusieurs niveaux. Le terme « surcoût » n'est jamais employé par les producteurs interrogés : ces derniers préfèrent en effet l'idée d'une redistribution des coûts et d'un investissement qui va s'amortir sur un ensemble de productions. Il s'agit d'un processus de transition.

Bien que les budgets en éco-production se stabilisent à mesure que l'éco-conditionnalité devient une réalité et que l'activité d'éco-production se structure, il est bon de continuer à laisser de la place à l'expérimentation. Les secteurs de l'audiovisuel et du cinéma sont des industries de prototypes, ce qui suppose une part d'incertitude au départ de n'importe quel projet. Même si les actions d'éco-production s'affirment en termes de pertinence et participent de la constitution d'un corpus de pratiques reconnues, il serait contre-productif de les figer et de les appliquer de la même manière à l'ensemble du secteur. Il importe à la fois de donner un cadre et de laisser la place à l'expérimentation, aux ajustements, à un processus continu de réinvention et d'ajustement.

Dans un premier temps, nous examinons de quelle manière l'éco-production modifie le budget d'une production et si elle induit un surcoût. Ensuite, par-delà les possibilités d'économie, comment l'éco-production en tant qu'investissement induit des externalités positives et constitue une possibilité de différenciation permettant d'affirmer un positionnement.

1. Démarche d'éco-responsabilité et structure de coûts

Au moment de penser la possible inscription d'une production dans une démarche d'éco-responsabilité, se pose de façon récurrente la question des implications qui en résulteraient sur les coûts. S'engager dans une démarche visant à réduire les impacts défavorables pour l'environnement, est-ce que cela coûte plus cher ? Et, si oui, de combien ?

Symétriquement, dans certains cas, dès lors que l'on mobilise du temps, de la réflexion et du professionnalisme afin de réduire l'empreinte de la production, n'en résulte-t-il pas aussi une optimisation de la structure de coûts, c'est-à-dire des économies budgétaires ?

Il n'est pas possible de répondre de façon univoque à un tel questionnement. La résultante budgétaire dépend d'une pluralité de variables. Compte tenu du caractère prototypal des productions, les projets sont bien sûr différents les uns des autres en termes d'options artistiques, budgétaires, de nombre de décors, etc. Pour un projet, en raison du sujet, de convictions, d'une volonté d'avancer de façon pionnière en matière d'éco-responsabilité, une production peut décider d'un engagement très ambitieux dans ce domaine et être prête à y allouer un budget important, tandis que pour d'autres l'on se contentera de quelques actions plus modestes. Cela dépend de la volonté et de la capacité à tester des pratiques nouvelles, à prendre les risques correspondants, c'est-à-dire à les gérer. Cette question est en relation avec le sujet sensible du manque de temps que l'on décide de consacrer, notamment dans la phase de préparation, à imaginer des solutions différentes, avec l'analyse des structures de coûts correspondantes.

Pour penser ces sujets, se pose notamment la question des modalités de la mesure : une production peut prendre des décisions se traduisant par une transition significative des pratiques dans plusieurs domaines (décors, costumes, images, son, alimentation, déplacements, etc.) sans que cela ne soit perceptible en examinant le budget. Les lignes budgétaires ne rendent généralement pas compte d'une transition. Pour un même budget, on peut avoir une production à impact négatif fort ou une production éco-responsable.

Il est possible de faire de la redirection des pratiques à budget constant, avec des lignes budgétaires qui ne sont pas très différentes, en montants impliqués, de celles que l'on aurait eues pour des productions non engagées dans une telle démarche. Les modifications sont pour l'essentiel qualitatives, les surcoûts sur quelques dépenses étant généralement compensées par des économies sur d'autres. Ce jeu de compensation peut exister à la fois à l'échelle d'une ligne budgétaire et à l'échelle du budget de la production dans son ensemble. En tout cas, il apparaît qu'un travail doit continuer à être mené par le secteur pour perfectionner, compléter et enrichir les indicateurs de pilotage de l'éco-production.

Au niveau de chaque chef de poste, il y a des décisions qui sont prises sans que n'apparaissent nécessairement des écarts budgétaires. Tout un travail peut être mené en termes de démarche d'éco-responsabilité et de redirection à différents niveaux sans que n'apparaisse toujours une traduction visible dans les chiffres du budget réalisé.

Dans la plupart des cas, le principe structurant est de rester dans le budget. Quand il y a un coût supplémentaire lié à un choix d'éco-responsabilité, l'on cherche généralement à compenser ce surcoût par des économies par ailleurs, permettant de rester dans le budget initialement prévu. Dans bien des cas, une fois le budget établi, les équipes visent à rester, autant que possible, dans les limites budgétaires définies. Cela induit une démarche d'analyse et la création de solutions nouvelles permettant de gagner à la fois sur le terrain de l'éco-responsabilité et en termes de maîtrise budgétaire.

2. Composition d'un budget en éco-production

Le budget d'une production peut être modifié sous l'effet d'une démarche d'éco-production. L'éco-production est difficilement concevable sans prendre en compte les actions mises en place par la ou les personnes dédiées à cette fonction, ayant les compétences et l'expérience pour l'assumer pleinement et induire les effets escomptés en termes d'éco-responsabilité. Il est utile d'analyser quelle place l'éco-production a dans le budget d'une production cinématographique ou audiovisuelle.

2.1. De nouvelles lignes budgétaires

Dans la plupart des cas, une démarche éco-responsable amène dans les devis de production de nouvelles lignes budgétaires : 64 % des productions que nous avons étudiées affirment avoir eu un budget spécifique alloué à l'éco-production. Pour les autres, l'éco-production ne s'est pas traduite par des changements d'aspect dans le budget de leur production.

Le budget consacré à la démarche d'éco-production explicité par des lignes budgétaires spécifiques se situe très majoritairement entre 0 et 1 % du budget total des productions que nous avons étudiées. Plus le budget est élevé, moins cela coûte en proportion de la production, le budget supporté étant pour l'essentiel fixe (salaire, prestation, etc.).

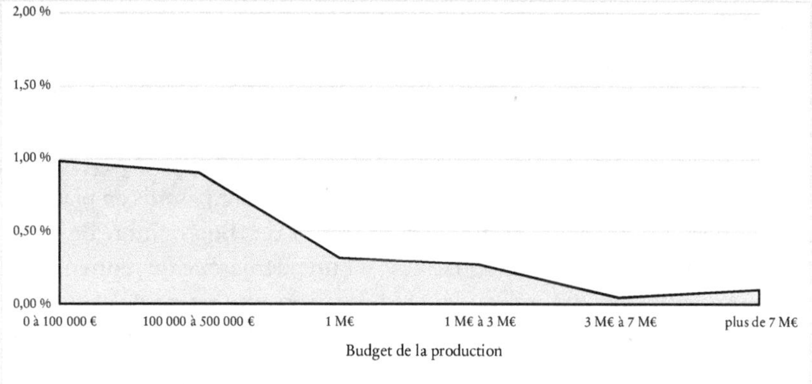

Graphique 4: Une ligne budgétaire entre 0 et 1 % du budget total de la production.

Dans la composition d'une dotation budgétaire spécifiquement allouée à une démarche d'éco-production, l'on constate que la rémunération d'une personne à un poste en éco-production représente en moyenne 71 % du budget de ces nouvelles lignes budgétaires. Par-delà le coût supplémentaire porté par la production, cette personne permet de construire la stratégie globale d'éco-production et de réaliser en outre, dans bien des cas, des économies. Viennent ensuite la formation pour 14 %, la gestion des déchets pour 13 % et la contribution environnementale pour 2 %.

Débloquer un budget spécifique à une démarche d'éco-production permet de gagner à la fois en termes d'éco-responsabilité et d'optimisation des structures de coût. Par exemple, prendre le temps de chercher des solutions de réemploi pour les achats de costumes et de décors permet d'effectuer des économies substantielles : « A minima 40 % moins cher que si l'on devait acheter les choses neuves » selon un producteur de série. De même pour cette productrice qui déclare : « Si tu donnes plus de temps à quelqu'un, l'enveloppe baisse car la seconde-main coûte moins cher. Sur plusieurs productions, je l'ai observé : donner du temps et le budgéter pour l'éco-référence, cela fait baisser les coûts. Maintenant, dans les ressourceries, en location, cela coûte vraiment moins cher pour les décors. Pour la construction, tu auras toujours besoin de quincaillerie, mais sur les accessoires tu gagnes du simple au triple. »

Ces estimations sont précieuses pour notre étude. Couplées avec nos analyses quantitatives, l'expérience de budgétisation de ces professionnels permet de répondre à l'une des interrogations souvent formulées : l'éco-production ne se traduit pas nécessairement par un surcoût pour la société de production. Une telle démarche amène certes, pour la plupart des productions étudiées, l'apparition de nouvelles lignes dans le budget, mais elle peut aussi permettre à la production de maîtriser ses coûts, voire de les réduire.

Cela ne veut pas dire pour autant que les productions n'ayant pas créé une ligne budgétaire spécifique pour l'éco-production n'ont pas mis en place des actions pertinentes, ou réorienté leurs budgets. Dans bon nombre de cas, le budget semble inchangé bien qu'il y ait eu une démarche de réorientation éco-responsable. Par exemple, si l'on réduit la consommation de viande à la cantine, il n'y a pas de création d'une nouvelle ligne budgétaire, ni nécessairement une augmentation ou une baisse de la ligne budgétaire correspondante.

2.2. Une réorientation des dépenses

Nous définissions la réorientation des dépenses comme un déplacement de tout ou partie du budget d'un département vers des dépenses éco-responsables. Partir de lignes déjà existantes dans les devis de production, dont les montants sont réorientés vers des achats plus vertueux. Par exemple, le choix de contractualiser avec un prestataire de cantine éco-responsable, ou le choix d'avoir loué des véhicules électriques plutôt que thermiques. Les budgets étant validés parfois bien avant la mise en place de l'éco-production, les achats responsables dans certains départements s'insèrent dans les lignes déjà existantes. De ce fait, nous ne les définissons pas comme des coûts supplémentaires (comme peut l'être l'embauche d'une personne à un poste en éco-production) mais comme une réorientation des coûts vers des achats éco-responsables. Cette idée de redistribution des coûts nous a été suggérée par un directeur de production qui estime que l'éco-production ne coûte pas plus cher, « mais suppose de redistribuer les coûts ».

Cette redistribution peut exister dans tous les départements et peut se traduire à la fois par une augmentation de certains coûts, et par une diminution d'autres coûts, l'une pouvant compenser l'autre. Pour une production très ambitieuse, le choix de dépenser 150 000 €[40] en éco-production à des

[40] Pour un long métrage de cinéma au budget de 11 millions d'euros, la décision du producteur d'allouer un tel montant à l'éco-production représentait donc 1,4 % du budget total de la production (nouvelles lignes et redirection des coûts compris). Les nouvelles lignes figurant dans le budget (personne à un poste en éco-production, formation, prestations) représentaient 0,65 % du budget total.

fins d'expérimentation et de redirection signifie que la société de production assume ce qui pourra en résulter sur le montant total du budget exécuté et ses conséquences sur le niveau du bénéfice. Pour d'autres productions, le fait d'avoir eu une personne à un poste en éco-production leur a permis de faire jusqu'à 20 000 € d'économie.

L'étude *Sustainability in the audiovisual sector* publiée en 2003 par GreenFilm[41], affirme que la mise en place d'une démarche éco-responsable, sur la plupart des items étudiés, n'implique pas un coût supplémentaire pour la production. Bien au contraire, elle permet de faire des économies. Bien que nous soyons d'accord avec les conclusions d'ensemble de cette étude, il nous semble utile d'y apporter quelques nuances. L'éco-production induit une ré-estimation des coûts de production car tous les départements peuvent être touchés par cette démarche. Des arbitrages sont faits dans la construction des devis de production pour réorienter les budgets et y ajouter éventuellement de nouvelles lignes. Sur cette base, peuvent s'ouvrir des pistes de réflexion à partir de cas d'usage, par exemple, le choix de louer des véhicules électriques. Aujourd'hui encore, le choix de décarboner les transports en changeant sa flotte de véhicules thermiques par des véhicules électriques représente un coût supplémentaire non négligeable pour les productions.

Pour un long métrage de fiction d'un budget de 11 millions d'euros ayant eu pour objectif de réduire fortement l'impact des déplacements, le producteur a décidé d'assumer un budget important consacré à la location de véhicules électriques. Le tournage se trouvant dans une région peu dotée en équipements techniques, l'acheminement de cette solution alternative ainsi que l'infrastructure nécessaire à son utilisation se sont traduits par une dépense supplémentaire de 70 000 €, c'est-à-dire 0,6 % du budget total de la production. Cependant, cette action a permis de réduire drastiquement son impact environnemental. La région dans laquelle a été tourné le film n'était pas pourvue de transports en commun ou relevant de la mobilité douce. Dans un tel contexte, les déplacements en véhicules thermiques semblaient être la solution la plus appropriée à ce tournage, mais aussi la principale source d'impact. Ce faisant, la production a décidé de s'attaquer à ce problème en expérimentant une approche radicale : remplacer intégralement la flotte de

---

41 *Sustainability in the audiovisual sector. Assessment of the climatic and economic impacts of applying the 'Green Film' environmental quality Label*, GreenFilm, 2023, 9 p.

véhicules thermiques par des véhicules électriques et développer fortement le covoiturage. Un coût supplémentaire pour l'utilisation de véhicules électriques, mais une réduction majeure de leur impact : l'utilisation d'un véhicule électrique a un impact carbone deux à trois fois inférieur à celui d'un modèle similaire thermique[42]. Combinée à une politique de covoiturage, qui permet de réduire par trois l'impact des transports routiers, la réorientation des coûts de cette production a été d'une grande efficacité en termes d'éco-production.

Dans une moindre mesure, les achats liés à la régie ont eux aussi eu un impact dans le budget global des productions, ces achats pouvant être considérés comme des investissements. Sept productions ont déclaré avoir eu des coûts liés à la constitution d'une éco-bijoute : gourdes, mugs, cendriers de poches, poubelles de tris, signalétiques, etc. Pour les productions étudiées, cela représente en moyenne 1814 €. L'on peut cependant considérer ce coût supplémentaire comme un investissement : les productions ayant fait ces achats ont gardé et stocké le matériel, leur permettant de le réutiliser lors de tournages ultérieurs, tout en évitant des achats de gobelets en plastiques et en carton. Cette démarche a permis de faire des économies, non pas sur une seule production, mais sur un ensemble de productions, le processus s'inscrivant dans le temps long.

L'analyse de la structure budgétaire des productions montre que la place d'une personne à un poste en éco-production est prépondérante au sein d'un budget d'éco-production identifié par des lignes budgétaires spécifiques. Cependant, sa présence permet aux productions de cibler les postes les plus émetteurs et de déployer une stratégie de réduction. Dans l'une des productions étudiées, un éco-référent a réussi à trouver une source énergétique alternative au groupe électrogène, ce qui lui a permis de faire une économie de 25 088 €. Parmi les productions étudiées, trois ont réussi à se passer d'un groupe électrogène à combustible, cette action leur ayant permis de réduire drastiquement leur impact environnemental, et aussi d'effectuer des économies non négligeables. La réduction de la consommation de viande ou encore la mutualisation des transports sont aussi des leviers d'action permettant de réduire l'impact de la production, tout en réduisant son budget.

Quel que soit le montant de leur budget, les productions ont la possibilité d'avoir de grandes ambitions à la fois artistiques et écologiques. La distinction

[42] https://presse.ademe.fr/2022/10/mondial-de-lautomobile-lademe-publie-son-avis-sur-le-vehicule-electrique-une-batterie-de-taille-raisonnable-assure-une-pertinence-climatique-et-economique.html

ne se fait pas en fonction de la taille de la production et du montant de son budget, mais en fonction des choix qu'elle décide de faire. Des économies sont possibles, mais certains arbitrages demandent de renoncer à certaines options ou de réorienter certaines dépenses au profit de la réduction d'impacts environnementaux néfastes.

3. Logique d'investissement et différenciation

Il n'est pas surprenant que l'attention d'une société de production se porte sur les coûts et leur éventuelle évolution – accroissement, réduction ou stabilité – dès lors que de nouvelles ambitions en termes d'éco-responsabilité sont posées. Cette question de la maîtrise des coûts doit bien sûr être considérée avec attention compte tenu de la variété d'évolutions possibles, mais un tel engagement doit avant tout être pensé comme un investissement qui pourra s'amortir dans la durée, sur plusieurs productions et par diffusion systémique à l'échelle du secteur tout entier.

En outre, cet investissement, auquel est associée une courbe d'expérience, concerne le positionnement de la société de production dans un contexte marqué à la fois par une concurrence intensifiée et par le fait que la manière de travailler représente une part croissante des processus de valorisation des sociétés de production : l'œuvre c'est à la fois ce qui sera présenté aux spectateurs et la façon dont elle a été produite.

L'engagement dans une démarche d'éco-responsabilité permet d'affirmer une différenciation vis-à-vis de pratiques qui ont longtemps prévalu, et qui restent une référence même s'il s'avère qu'elles sont dépassées. L'engagement dans une démarche d'éco-responsabilité participe non seulement d'une image de citoyenneté de l'entreprise, mais aussi de l'inscription dans une dynamique d'innovation continue pour se situer aux avant-postes du secteur.

3.1. Le primat d'une logique d'investissement

Le montant du budget d'ensemble d'une production relevant d'une démarche d'éco-responsabilité est la résultante de la combinaison d'une pluralité d'augmentations et de baisses (par rapport à des pratiques standard) sur un grand nombre d'items ayant pour conséquence que, dans la plupart des cas, produire éco-responsable ne coûte pas plus cher. En outre, s'il y a un surcoût directement identifié pour une démarche d'éco-responsabilité, il doit être considéré comme un investissement. Un investissement qui va s'amortir dans la durée sur plusieurs productions. Il va s'amortir en outre sur les progrès du secteur dans son ensemble : c'est une externalité positive.

Le coût supplémentaire qui est comptablement affecté à une production donnée relève pour une large part d'une logique d'expérimentation et de mise au point qui débouche sur des savoir-faire et des pratiques nouvelles, un réseau de nouveaux fournisseurs et d'autres manières de gérer qui pourront bénéficier aux projets ultérieurs d'une maison de production, et, de proche en proche, au secteur dans son ensemble via les montées en compétence et en expérience des équipes et de leurs membres.

Pour valoriser et favoriser la diffusion de la culture et des savoir-faire d'éco-responsabilité, il est important que cet engagement induise une reconnaissance à l'endroit de celles et de ceux qui ont contribué à la démarche.

Certains producteurs ayant décidé d'impulser et d'induire des effets d'exemplarité choisissent de jouer un rôle pionnier en acceptant d'investir en payant plus cher sur certains postes, mais en sachant que cette démarche s'inscrit dans une courbe d'expérience permettant de gagner sur plusieurs terrains – à la fois en éco-responsabilité et en optimisation budgétaire – tout en préservant l'exigence de qualité.

En matière de coûts, par exemple, dans une première phase, les générateurs électriques coûtent souvent plus cher, mais l'on peut anticiper, avec l'augmentation de la demande, une baisse du prix de vente des matériels.

Pour certains films à gros budget, il a été décidé de se donner une grande ambition en matière d'éco-production. Par exemple, le cas de la production d'un film de long métrage d'un budget supérieur à dix millions d'euros, où la production a eu le choix entre plusieurs options :

- a minima, un consultant ou une personne à un poste en éco-production, mais sans une grande ambition en termes d'éco-responsabilité (0,1 % du budget) ;
- une ambition de forte réduction de l'empreinte carbone, se traduisant par le choix d'avoir sur le tournage en milieu rural une flotte totalement électrique, ce qui constituait une démarche pionnière et s'est traduit par un budget supplémentaire de plusieurs dizaines de milliers d'euros. Un tel choix délibéré relevait d'un engagement fort et d'une volonté de contribuer à une démarche collective pouvant être utile à tous.

« Ce qui m'a motivé en tant que producteur, c'est le sentiment d'œuvrer à rendre plus cohérente ma façon de travailler, à donner plus de sens. Ce que j'ai contribué à faire exister dans le tournage de ce film s'inscrit dans une inflexion à laquelle je souhaite participer. Je l'ai fait en raison d'un idéal et d'une volonté de faire progresser notre secteur d'activité. Mais, de toute façon, c'est indispensable et l'on ne peut plus rester en retrait. Il n'y a plus de backstage : tout se sait. Si je fais un film caractérisé par une thématique écolo et que je ne fais pas ce qu'il faut, je serai pointé du doigt. L'absence d'engagement dans l'éco-responsabilité, cela peut être dévastateur pour l'image d'un film. À l'inverse, un comportement vertueux suscite la sympathie et l'adhésion, au sein de l'équipe, dans les médias et dans l'opinion publique. Cette nouvelle manière de faire a un impact positif sur le secteur et sur son image. Cela apporte de la reconnaissance, parfois même un certain prestige, mais il faut bien sûr avoir les moyens de mettre en place une telle démarche. Une démarche qui doit s'inscrire dans la durée. »

« Quand on budgète un film, on fait en sorte qu'il n'y ait pas de perte d'énergie. On s'est dit que l'on n'allait pas faire des milliers de kilomètres pour tourner. Dans l'intérêt du film, le metteur en scène essaie de regrouper au maximum les décors du tournage. On a regroupé pour l'économie du film, économiser en coût de transport, et cela s'inscrit en plus dans une démarche d'éco-production. On peut louer des gîtes ruraux et on peut affecter une voiture pour plusieurs personnes. L'économie et la gestion du transport vont dans le même sens. On a limité énormément les transports, même si en région on roule de toute façon plus qu'à Paris. »

3.2. Affirmer un engagement et se différencier

Pour les sociétés de production, il y a un coût à l'évitement de la démarche d'éco-responsabilité : un coût financier et un coût symbolique. Faire perdurer une façon de faire fondée sur le principe de *cheap nature* (Jason Moore) et la non prise en compte du coût environnemental mettent en péril à long terme la viabilité du secteur. À court terme, ne pas s'engager dans une démarche d'éco-responsabilité a pour conséquences d'avoir moins d'aides, moins d'agréments, moins de visibilité, moins de reconnaissance. C'est aussi se priver d'une possibilité de se différencier, de faire valoir une éthique et une qualité de professionnalisme marquée par la prise en compte d'enjeux sociétaux de grande importance.

Plutôt que d'être dans l'attentisme ou dans le déni et de subir, les producteurs que nous avons rencontrés dans le cadre de cette étude considèrent qu'il est bien préférable de se préparer, d'anticiper et de s'engager dans une démarche d'éco-responsabilité qui change les choses dès à présent et prépare l'avenir.

Les productions qui ont expérimenté pour la première fois une démarche d'éco-production ont certes dû, pour la plupart, assumer un coût supplémentaire d'entrée en termes de temps passé et de recherche de solutions, mais rapidement la logique d'investissement prévaut se traduisant par une baisse des coûts (courbe d'expérience).

Il y a un coût d'entrée, principalement du temps et de l'attention à consacrer à cette démarche, pour analyser la situation, concevoir de nouvelles solutions et accompagner le changement, mais les résultats sont au rendez-vous, avec en outre des externalités positives pour le secteur et pour le cadre socio-économique : les fournisseurs et les territoires peuvent bénéficier de ces effets d'impulsion pour réorienter leurs façons de travailler et s'inscrire dans une nouvelle dynamique.

Les productions qui ont déjà une belle expérience de l'éco-production ont pour la plupart réussi en outre à réduire les coûts : « Sur plusieurs productions, je l'ai observé : donner du temps et le budgéter pour l'éco-référence, cela fait baisser les coûts. Prendre du temps pour la seconde-main permet de faire des économies. »

La démarche d'éco-responsabilité relève d'un engagement. Elle passe par un investissement qui peut se rentabiliser à la fois en termes d'impact environnemental et d'optimisation de la structure de coûts. Elle génère des externalités positives et apporte en outre une valorisation de la société de production en termes de responsabilité sociétale.

4. Questions de trajectoire

Le travail de terrain mené entre mars et octobre 2023 auprès de 44 productions audiovisuelles françaises ayant choisi de s'inscrire dans un processus de labellisation Ecoprod permet de rendre compte de démarches délibérées visant à faire évoluer les pratiques professionnelles de tournage afin qu'elles s'inscrivent dans des dynamiques de progrès orientées par la visée de réduire sensiblement leurs impacts nuisibles sur les milieux. L'examen des résultats et des manières de procéder montre d'abord que c'est possible, qu'il est au fond assez aisé d'avancer sur cette voie dès lors qu'une équipe de production le décide, que les intentions et les volontés sont alignées vers un objectif partagé qui suscite généralement, sur le principe, l'adhésion d'une grande partie des collectifs de travail.

Il apparaît que les avancées sont d'autant plus importantes qu'elles concernent des processus sur lesquels les personnes peuvent directement agir, et en percevoir les résultats. Mettre en place le tri sélectif et la gestion des déchets produit des effets immédiats et significatifs, même si les gains en émission de CO_2 restent modestes en regard du bilan carbone total d'un tournage. Adopter une alimentation moins carnée, plus végétale et privilégiant les circuits courts induit aussi directement une forte réduction de l'empreinte carbone. Mettre en place une politique d'achats responsables permet d'obtenir des résultats sur le tournage, et induit aussi des externalités positives sur les tournages futurs et sur l'évolution des pratiques professionnelles des fournisseurs qui deviennent partenaires de la démarche d'éco-responsabilité.

Mettre en place des éco-gestes semble être à la portée de chacun, ce qui permet, si l'accompagnement est de qualité, d'impliquer une grande partie de l'équipe dans une démarche d'éco-responsabilité, d'autant plus aisément que se dégage une majorité, que la production, la direction de production et la plupart des chefs de poste sont engagés positivement dans le projet d'évolution-transformation. Quand il s'agit de ne plus mettre de boissons gazeuses sucrées industrialisées sur les tables de régie, les résistances peuvent être plus grandes, de même pour le co-voiturage s'il est perçu comme à l'excès contraignant. Favoriser une mobilité douce est pourtant une orientation qui est largement approuvée par les collectifs de travail. C'est sur la concrétisation que des freins peuvent apparaître. Ces freins ne semblent pas relever des défis de l'Himalaya, mais la mauvaise humeur peut parfois s'en mêler.

En tout cas, pour les productions audiovisuelles étudiées, la dynamique de progrès est manifeste et elle est motivante pour les équipes. En outre, alors que l'on pouvait craindre que l'évolution des pratiques ne soit coûteuse et pénalisante pour les budgets, il se confirme qu'investir dans l'intelligence et la préparation, non seulement n'obère pas les coûts, mais permet, dans certains cas, de faire des économies. Au lieu d'opposer de façon triviale économie et écologie, les cas étudiés montrent que l'on peut gagner sur les deux tableaux à la fois. Les études de cas font apparaître des trajectoires de progrès qui sont prometteuses.

Ces résultats, qui sont très encourageants et inscrivent utilement les sociétés de production et le secteur audiovisuel dans son ensemble dans une dynamique vertueuse, ne doivent pourtant pas conduire à penser que, pour la suite, l'on peut extrapoler les tendances de taux de réduction de l'empreinte carbone identifiées dans cette étude. L'on peut certes viser à continuer de travailler afin d'utiliser des sources d'énergie plus durables, mais l'on bute souvent sur des obstacles d'ordre structurel, par exemple, dans certains territoires, le manque de bornes pour recharger les véhicules électriques, le manque de possibilités de branchements forains, ou quand le prix des billets de train est supérieur à celui de l'avion.

La question de la volumétrie de *data* produites, traitées, stockées, sécurisées et transmises est aussi particulièrement critique : le volume croissant des fichiers, notamment en haute résolution, l'obsolescence rapide des données, des machines et des logiciels, etc. C'est, plus généralement, l'importante question des matériels qui est posée, celle aussi de la sous-traitance, notamment auprès des prestataires techniques qui pour une large part utilisent massivement des process numériques, notamment dans le cadre de la post-production. La production dépend de sous-traitants, qui font eux-mêmes appel à des sous-traitants, etc. Cette logique d'emboîtement de contributions induit une mise à distance des gestes productifs et de leurs impacts, qui pourtant relèvent de la responsabilité et du bilan carbone du donneur d'ordre.

Alors que dans la première phase de mise en place de la démarche d'éco-responsabilité, des avancées directement maîtrisables par les professionnels et les équipes produisent des effets visibles, mesurables et encourageants, se pose la question de la capacité à inscrire dans la durée et sur une échelle élargie ces pratiques professionnelles marquées par l'éco-responsabilité. On peut redouter les effets de lassitude, de moindre vigilance, d'engourdissement de la motivation motrice, et l'on ne peut ignorer les risques de backlash. Quant aux enjeux d'ordre éditorial, on prend généralement soin de les laisser hors du champ d'influence de l'éco-responsabilité afin d'éviter de sembler porter atteinte à la création.

Se pose aussi la question fondamentale du passage à la phase ultérieure de la démarche d'éco-responsabilité, qui nécessite de se confronter à des contraintes structurelles fortes, telles que la gestion de sources d'émissions qui ne sont pas directement maîtrisables et requièrent des stratégies plus élaborées et plus collectives pour que des progrès effectifs soient enregistrés. Ces questionnements seront approfondis dans la partie suivante intitulée « Analyse socio-environnementale ».

TROISIÈME PARTIE

Analyse Socio-Environnementale

Dans cette partie, deux analyses de données chiffrées sont proposées, l'une à partir des bilans carbone de la base de données Carbon'Clap, l'autre d'ordre éco-systémique, prenant en compte à la fois des indicateurs de gaz à effet de serre (CO_2e)[43] et des indicateurs « matière ».

La première analyse est effectuée au plus près des données des outils et des actions, à partir des bilans carbone définitifs issus de la base de données Carbon'Clap[44], dans le but de présenter les différents postes d'émissions d'une production audiovisuelle en termes d'équivalent émissions de gaz à effet de serre (CO_2e). Sont également élaborées différentes hypothèses modélisées en trois scénarios (S1 : *Business as usual*, S2 : *Label Ecoprod*, S3 : *Production frugale*) afin d'étudier pour certains postes d'émissions clés quels sont les effets des actions listées dans le Label Ecoprod.

---

[43] Les équivalents CO_2 (CO_2e) sont une unité de mesure visant à uniformiser la prise en compte de l'effet climatique des différents gaz à effet de serre (GES). Les équivalents dioxyde de carbone (CO_2e) sont une mesure de l'effet des différents gaz à effet de serre sur le climat. Outre le dioxyde de carbone (CO_2), principal gaz à effet de serre produit par l'homme, il existe d'autres gaz à effet de serre tels que le méthane et l'oxyde nitreux.

[44] Le Carbon'Clap permet d'évaluer gratuitement l'empreinte carbone d'une œuvre audiovisuelle, cinématographique ou publicitaire (https://carbonclap.ecoprod.com). Carbon'Clap a été créé par Ecoprod en 2010 et repensé intégralement en 2022 avec l'implication de nombreux professionnels du secteur, d'experts environnementaux et le soutien du CNC (Aides aux Moyens Techniques).

La seconde analyse d'ordre éco-systémique permet de regrouper les actions les plus efficientes pour limiter l'impact environnemental, à la fois en termes d'émission carbone mais aussi par rapport à un indicateur plus spécifique au secteur, l'indicateur « matière ». L'hypothèse d'un indicateur « matière » à articuler avec l'énergie et l'éco-systémique – climat compris – permet en outre de prendre en considération les impacts sur la biodiversité – de la phase extraction à la phase déchet – et se situe au cœur des problématiques socio-environnementales. Cette hypothèse se justifie par le cadre même dans lequel agir en éco-production. Cette démarche se situe en effet au niveau planétaire et dans le cadre d'un système socio-technique distribué socialement, industriellement, écologiquement.

Agir sur ces effets systémiques reste difficile à accomplir car il faut prendre en compte plusieurs facteurs en même temps et non pas séparément. Ne prendre en compte que le prisme de l'énergie reste insuffisant et engendre des effets secondaires sur les autres éléments du système. De même, ne prendre en compte que les matériaux sans les contraintes de puissance énergétique ne permet pas de prendre en charge l'ampleur éco-systémique de la crise écologique. Enfin, les questions d'énergie et de matériaux se répercutent sur les écosystèmes avec des effets qu'il faut également contrôler en termes notamment de biodiversité. L'hypothèse de l'indicateur « matière », complémentaire à l'indicateur universel « carbone », permet de tenir ensemble les trois piliers fondamentaux du système socio-technique : matériau, énergie, écosystème (biodiversité et climat compris), avec comme défi pratique de multiplier les prises sur chacun de ces piliers.

En introduisant l'hypothèse d'un nouvel indicateur matière, il s'agit de proposer une approche pour agir avec des effets plus spécifiés. L'indicateur GES a le défaut de ses avantages : il demeure un indicateur trop générique qui masque les dimensions plus matérielles (l'extractivisme, l'épuisement des ressources, l'impact sur les écosystèmes). L'objectif de réduction des gaz à effet de serre (GES) demeure crucial du point de vue du climat mais ne permet pas la saisie pleine et entière de l'écocide en cours. Une modalité complémentaire est donc d'agir sur plusieurs points du système socio-technique en même temps et de mesurer les quantités de matière utilisées. Dans ce cas, au-delà des questions spécifiques aux matériaux, estimer la masse des matériaux permet d'agir tout à la fois sur plusieurs leviers : les GES, le recyclage, l'énergie et la puissance nécessaire, l'extractivisme[45].

1. Bilan de Carbon'Clap

Cette partie basée sur les données de l'outil Carbon'Clap permet d'avoir un regard plus global sur les enjeux sectoriels. À partir d'une base de données fournie d'un an de projets, Ecoprod a pu traiter et analyser en détail les impacts moyens sectoriels de projets ayant souhaité mesurer leur impact carbone (sans avoir nécessairement poursuivi une démarche d'éco-production).

Le graphique suivant présente des statistiques anonymisées de projets réels portés dans l'outil Carbon'Clap entre mars 2023 et mars 2024. Pour chacun des projets, le bilan définitif a été sélectionné. Les projets aux données incohérentes ont été exclus (exercices, formation, tests, projet sans budget, sans durée, etc.). Seuls des projets avec une durée de production réelle, un budget cohérent et un titre vraisemblable ont été choisis pour réaliser des statistiques. Chaque genre éditorial retenu présente des données suffisamment nombreuses pour un échantillonnage représentatif.

Le graphique se fonde sur des moyennes effectuées sur tous les projets répondant aux critères sélectionnés. L'impact moyen est celui d'une œuvre, dans le cas des séries l'impact est celui d'un épisode (impact total divisé par le nombre d'épisodes déclarés). Ces statistiques sont basées sur des données déclaratives et soumises à la véracité des données analysées. Bien que les valeurs suspectes, incohérentes ou hors normes ont été exclues des statistiques, le contenu des projets n'a pas été analysé en détail. Ce graphique rend compte de l'état de la connaissance en admettant la bonne tenue des projets traités.

---

[45] Sur les fondements scientifiques de cette hypothèse : José Halloy, « Ressources naturelles : enjeu majeur pour l'avenir de nos sociétés », *La Revue Nouvelle*, 4, pp. 30–33, 2018.
José Halloy « Réchauffement climatique et technologies : quelle est la question ? », *La Revue Nouvelle*, 7, pp. 56–62, 2021.
José Halloy, « La numérisation de l'économie est-elle durable ? », *La Revue Nouvelle*, 4, pp. 54–61, 2017.

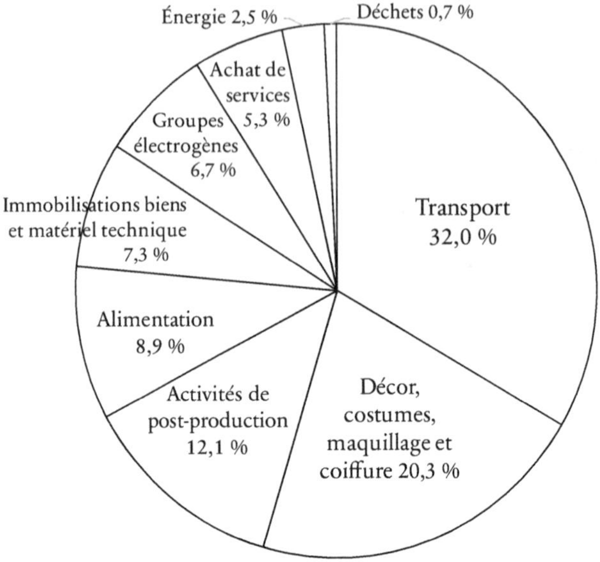

Graphique 5: Répartition de l'impact moyen d'une production audiovisuelle par postes d'émission carbone (CO_2e).

Ce graphique présente la répartition des émissions carbone moyennes des productions, tous genres confondus, à partir des données de 1316 bilans définitifs calculés dans Carbon'Clap. Les moyens techniques de tournage ont été calculés avec la méthodologie 2024 (les dispositifs techniques de prise de vue, machinerie, éclairage et son sont modélisés à partir de données physiques).

Ces premiers indicateurs généraux mettent en évidence les principaux postes d'émission carbone de la fabrication d'une œuvre audiovisuelle. Ceux-ci se concentrent majoritairement entre les transports pour 32 %, les décors et costumes pour 20 %, les moyens techniques (immobilisations de matériel et groupes électrogènes) qui, une fois combinés, représentent 14 % des émissions moyennes, et l'alimentation (production et tournage) pour près de 9 % des impacts globaux. Des leviers importants de réduction des émissions peuvent donc se trouver sur ces domaines d'activité de la production.

Les activités de post-production, qui pèsent pour plus de 12 % des impacts, sont également un poste d'émission notable, cependant, dans le détail, on y retrouve les mêmes constats : transport, alimentation, énergie et moyens techniques sont largement en cause dans les impacts globaux associés à ces activités de post-production.

2. Modélisation et scénarios comparatifs

Afin de quantifier les apports environnementaux des différents leviers d'éco-production proposés par le Label Ecoprod, une étude a été conduite sur quatre postes clés que sont : les repas et les déplacements des équipes, le décor et l'énergie du tournage. L'objectif du Label étant de proposer des actions de réductions concrètes à l'ensemble du secteur, il était pertinent de modéliser et de quantifier cette possibilité de réduction.

2.1. Cadrage global

L'approche suivie décline pour chaque domaine trois scénarios distincts. En utilisant des données sectorielles ainsi que des statistiques de productions moyennes comme base pour le scénario « *business as usual* », en mettant en application concrète les critères définis par le Label Ecoprod pour le scénario « *Label Ecoprod* », et en proposant une hypothèse volontariste d'engagement environnemental pour le scénario « *production frugale* », nous cherchons à déterminer les impacts environnementaux associés à chaque scénario, et ainsi à quantifier le potentiel de réduction d'impact sur l'empreinte carbone.

En raison de l'absence d'échantillon statistique consistant et cohérent permettant d'évaluer de manière similaire les trois scénarios observés, notre approche méthodologique repose sur la modélisation d'activité pour chacun de ces cas.

L'examen de ces scénarios apporte des éclairages précieux sur les leviers d'action à disposition des productions. Les modèles définis dans cette partie n'ont pas pour vocation de représenter l'impact d'un département tout entier, mais portent plutôt l'attention sur des actions très spécifiques.

2.2. Approche méthodologique

L'objectif est de comparer différents scénarios d'action avec une hypothèse moyenne afin d'aider les professionnels du secteur dans leur prise de décision. Pour élaborer ces scénarios, nous nous sommes appuyés sur des données quantitatives issues des statistiques de productions audiovisuelles, ainsi que des données qualitatives pour qualifier les dispositifs modélisés et les habitudes de production au travers d'entretiens individuels conduits avec des professionnels.

Le scénario S1 (« *Business as usual* ») est la combinaison des volumes quantitatifs issus des données de productions dans Carbon'Clap (moyennes de taille des équipes, durées de production, nombre de repas servis, consommation d'énergie, budget de décors) associés à des statistiques nationales pour caractériser les activités (habitudes alimentaires, répartition des modes de transports professionnels, etc.), afin d'obtenir une base de production moyenne classique.

Nous avons ensuite bâti une hypothèse qui prend en compte les recommandations du Label (Scénario S2 « *Label Ecoprod* »). Puis enfin, le troisième scénario S3, plus ambitieux, reprend des cas pratiques de productions ayant participé à l'étude et ayant eu un niveau d'engagement jugé avancé en matière d'éco-production.

Afin de conserver une cohérence méthodologique dans l'approche des modèles, le choix a été fait d'établir des scénarios basés sur une même typologie de production (genre éditorial : « Fiction TV unitaire »). Cette approche permet une comparaison plus aisée des scénarios.

Le calcul des émissions tient compte de données physiques (km parcourus, quantité de matière utilisée, consommation d'énergie, durée de travail). Le calcul est finalement présenté en équivalent CO_2, noté « CO_2e ».

2.3. Synthèse des quatre scénarios

En mettant en perspective les cas d'études modélisés, on peut visualiser ainsi les trois scénarios étudiés.

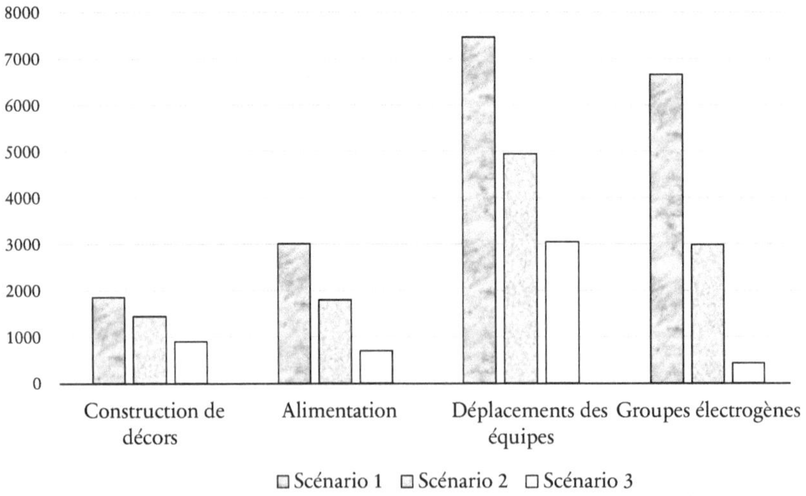

Graphique 6: Comparaison de l'impact équivalent carbone des trois scénarios.

Tableau 3: Comparaison des pourcentages de réduction

	Scénario 1	Scénario 2		Scénario 3	
	tCO_2e	tCO_2e	% réduction	tCO_2e	% réduction
Repas des équipes	3015	1815	40 %	711	76 %
Transport des équipes	7466	4951	34 %	3050	59 %
Construction de décors	1860	1452	22 %	908	51 %
Approvisionnement électrique du tournage	6663	2986	55 %	433	93 %

Comme nous avons pu l'analyser dans cette partie, et comme le montre le tableau ci-dessus, une démarche d'éco-production portée par le Label Ecoprod permet aux productions de réduire leur impact CO_2e de manière significative. En outre, comme nous le présentons dans le scénario 3, il reste encore des leviers de réductions possibles, avec des résultats assez facilement atteignables pour réduire cet impact de manière beaucoup plus forte.

3. Une lecture socio-environnementale de l'éco-production : vers un nouvel indicateur « matière »

Sur le plan socio-environnemental, en analysant les données et scénarios projetés dans cette partie, des choix raisonnés se profilent pour les années à venir. Dans le cadre d'une vision systémique, un tri dans les actions prioritaires, à court et moyen termes reste à systématiser afin d'abaisser l'empreinte environnementale du secteur cinématographique et audiovisuel. À rebours de certaines idées reçues concernant notamment la dématérialisation que peut opérer la numérisation de certaines activités de production, tout est matérialité sur une production : s'y créent des images-sons qui ont un poids symbolique mais tout autant que matériel. Régie, cantine, décors, costumes, caméra, LED, post-production, etc. : l'empreinte environnementale y est d'abord matérielle.

Aux côtés de cette matérialité qu'il s'agit de prendre en considération et de réduire, deux autres facteurs d'empreinte constituent encore des segments que la démarche d'éco-produire peut prioriser, à savoir la mobilité et l'alimentation. Les données collectées par le biais du questionnaire, ainsi que les récits d'expérimentation des personnes en charge de l'éco-production recueillis lors de cette enquête, indiquent des premiers résultats encourageants quand des dépendances infrastructurelles ne verrouillent pas les initiatives. Transports et énergie sont des secteurs auxquels la démarche d'éco-production doit s'attacher avec attention, considérant qu'ils représentent une large part de l'empreinte et que l'on s'y heurte rapidement à des contraintes qu'il n'est pas aisé de réduire. Outre les verrous d'infrastructures, la systématisation de l'éco-production suppose de s'inscrire dans des jeux d'échelles temporelle et spatiale des actions à déployer, afin de répondre à des objectifs d'abaissement de la matérialité des activités de production cinématographique et des émissions carbone associées. Ces jeux d'échelle se révèlent pluriels dans leurs temporalités et leurs spatialités. C'est pourquoi leur saisie peut éclairer les marches à suivre dans la mise en systémique de l'éco-production. Cette mise en systémique va nécessiter également d'être mesurée à l'aune de nouveaux indicateurs d'une comptabilité environnementale, dont la partie socio-économique précédente a montré l'importance dans l'analyse financière de l'éco-production.

3.1. Trois potentiels d'action : matériaux, mobilité et alimentation

En première priorité, il importe de rompre avec la dynamique exponentielle d'épuisement des ressources (biotiques et abiotiques, minières, fossiles) et d'effectuer la redirection vers une consommation bornée de matériaux dont la production nécessite un niveau élevé d'énergie, comme par exemple le ciment et l'acier. Selon certains analystes, ce couplage n'est pas durable au-delà de 2050. Dans le cadre de cette redirection, il va s'agir de réaliser des choix pour la durabilité et le réemploi des matériaux et des matières. La recherche de vêtements de seconde main – évoquée par les personnes en charge de l'éco-production en interaction avec les départements costumes et accessoires – peut prendre en compte le bio-sourçage des matières premières permettant, sans toutefois être exempt d'autres effets impactants, de distinguer les fibres synthétiques des fibres potentiellement plus soutenables sans courir le risque de l'épuisement, tels que le chanvre mieux que le coton (dont la culture n'est pas très développée en France). Le critère de la sobriété matérielle qui permet de faire perdurer les ressources en réduisant la demande énergétique nécessaire au traitement des matières premières émettrices de CO_2 dans le choix des matériaux peut également faire choisir le bois plus recyclable que les polymères et moins énergivore que le métal ou le verre.

De même, le renouvellement des équipements numériques et la multiplication des batteries passent par une consommation massive de matériaux et des quantités de déchets électriques et électroniques qui disparaissent massivement dans la nature. L'efficience énergétique représentée par les LED, par exemple, doit être mise en regard de l'introduction de matériaux peu ou mal recyclés dont le réusage, la réparabilité et la durabilité peuvent être améliorés.

Le fait de conserver un matériel, même moins efficace, sera moins impactant sur le plan environnemental, car supposant moins de demande de matériaux et de ressources. Le secteur hérite d'une forte culture technophile où il s'agit souvent d'obtenir les derniers équipements et les dernières innovations (caméras, logiciels, équipements divers). Avec l'éco-production, cette culture technophile est réinvestie dans des formes de créativités ancrées et fructueuses, comme par exemple la fabrication à partir de matériaux récupérés de mécanismes permettant de conserver certaines caméras pour générer des effets difficiles à produire autrement, certains déplacements et mouvements.

En deuxième priorité, en matière de mobilité, il importe de favoriser le proche en proche en prêtant attention aux lieux de tournage avec un rapprochement entre hébergements et décors, tout en prenant conscience des freins et des verrous liés aux dépendances concernant les infrastructures comme pour la disponibilité de lignes de train ou les recharges de voitures électriques. Des équipements suffisants mais plus légers supposant moins de déplacements de matériel peuvent aussi permettre de s'affranchir des dépendances infrastructurelles que les déplacements en train ou en voitures électriques supposent.

En troisième priorité vient l'alimentation que la démarche d'éco-production vient articuler à la transition agricole. Il est utile qu'elle s'articule autant que possible avec l'agriculture raisonnée, tout en favorisant une réduction drastique de la consommation de viande industrielle.

Il faut noter que la dimension énergétique est incluse dans ces trois postes. Si certains nouveaux équipements permettent de réduire la consommation énergétique à l'usage, elle occulte en revanche l'énergie et les matières nécessaires à leur fabrication, et aussi la fin de vie des équipements désormais considérés comme trop énergivores. L'enjeu au plan de la réduction de l'empreinte environnementale est de pouvoir garder un matériel, même moins efficace que les modèles les plus récents, en prenant en compte dans le calcul l'économie de matière première, d'énergie et d'évitement de mise au rebut.

3.2. Échelles spatiale et temporelle de la soutenabilité forte : œuvrer dès à présent

Sur le plan de la redirection en cours, la démarche proactive d'éco-production s'inscrit dans des échelles spatiales et temporelles plurielles. D'une part, il s'agit d'œuvrer à une échelle qui va du local au planétaire. Les combustibles fossiles, les matériaux, les écosystèmes, le climat posent des questionnements stratégiques pour toutes les entreprises, même celles qui n'ont pas de « conviction écologique ». Penser « éco-production » suppose de penser une stratégie d'entreprise qui engage la viabilité matérielle même du secteur audiovisuel dans son ensemble. D'autre part, il importe d'œuvrer à une échelle qui va du court terme aux engagements séculaires, notamment en pensant aux engagements pour la survie de l'entreprise sur le moyen terme dans le cadre de contraintes structurelles fortes que représentent les matériaux et les ressources fossiles.

La réponse la plus simple face à ces enjeux intriqués en termes de temporalités et de spatialités, est d'expérimenter sans moraliser, d'inventer sans se perdre dans de vaines controverses afin d'ouvrir d'ores et déjà la voie de la soutenabilité faible. Cette voie permet d'agir pour décarboner. Chaque pas compte à ce stade, même si certains de nos répondants ont émis avoir éprouvé un sentiment d'urgence sachant qu'il demeure impossible de résoudre tous les problèmes à court terme car les temporalités engagées sont plurielles, notamment en raison du stockage au long cours du CO_2 déjà émis dans l'atmosphère.

Si urgence il y a, il s'agit de diminuer l'épuisement des ressources et les émissions carbone. Et ce, en prévision de la soutenabilité forte et pour donner du temps à l'invention de la soutenabilité forte.

3.3. Vers un indicateur « matière » de comptabilité environnementale

En inscrivant la démarche d'éco-production dans un continuum matériau - énergie - écosystème, un indicateur plus spécifique de l'éco-production peut s'énoncer en tonnes de matériaux utilisés, y compris compte tenu des déchets, et qui tient compte de la biodiversité dévastée à la fois par l'extractivisme et la mise au rebut. Produire en adoptant une démarche d'éco-responsabilité suppose désormais d'être conscient du « capital matériaux » à faire tourner, de tournage en tournage, de production en production. Cette hypothèse contribue aux réflexions sur les nouvelles comptabilités environnementales telles que les triples comptabilités associant les impacts environnementaux au sein desquelles l'indicateur matière pourrait être introduit.

D'un point de vue quasi technique, élaborer un indicateur « matière » plus adéquat à l'éco-production que l'universel Impact carbone qu'il s'agit de compléter, reste à mettre au point. Il reste également difficile de classifier par typologie de « matière » en raison du caractère composite des matériaux. Imaginer les décomposer avant de les peser peut être fastidieux et s'avérer irréaliste. Le premier geste d'expérimentation d'un indicateur « matière » va supposer de peser les matériaux faisant matière sans le décomposer. La masse ainsi mesurée compte d'autant plus si elle se trouve réemployée, engageant une responsabilité de l'accumulation. L'éco-responsabilité s'adosse trop souvent à la consommation et fait peu cas de l'accumulation. Il s'agirait d'« ensobrer » la matérialité, c'est-à-dire faire de la sobriété à partir de la matière d'un tournage, ce qui consiste en la conservation d'un poids de tournage constant. Si des données comptables sont conservées par les producteurs à partir des « pesées de tournage », l'historique de la consommation matérielle peut être ainsi déduit. Il importe alors d'infléchir, d'aplatir la courbe pour engager ce processus d'ensobrement matériel, c'est-à-dire le devenir sobre.

3.4. Intégrer les perspectives environnementales dans les stratégies du secteur

Si nous cumulons les analyses des différentes données suivant les deux indicateurs « carbone » et « matière », des choix raisonnés se profilent pour les années à venir. Notre enquête permet d'entrevoir que l'ingéniosité et la créativité sont à la fois valorisées et visibilisées par la démarche d'éco production qui encourage des économies de ressources, de matériaux et d'énergie au profit de plus d'intelligence, d'expérimentation, de réflexivité et d'enquête pour tous les métiers impliqués dans les phases d'un tournage. Des questionnements en termes de leviers à mobiliser dès à présent se posent, dont les premières réponses se distribuent selon trois priorités :

1. Abaisser l'empreinte matérielle du secteur (durabilité, sourcing, etc.)
2. Adoucir la mobilité (mutualisation des moyens, mobilité décarbonée)
3. Améliorer l'alimentation (local, de saison, moins carnée).

Il reste dès lors à toujours mieux identifier les dépendances du secteur afin, d'une part, de transformer dès à présent les pratiques ne dépendant pas intégralement d'infrastructures externes au secteur et, d'autre part, ne cesser de développer des expérimentations pour rediriger l'infrastructure existante.

Pour ce faire, il semble nécessaire, au plan des modalités stratégiques, de modéliser de nouveaux outils (prise en compte du poids de la matière, autant que le CO_2e) et d'intégrer nativement les perspectives environnementales dans les stratégies du secteur. Sur le plan des jeux d'échelles spatio-temporelles dans lesquels s'inscrit l'éco-responsabilisation, une mise en phase du secteur avec les conditions bio-géo-physiques de la vie terrestre et les limites planétaires est indispensable. Demeure alors à questionner, avec lucidité, la viabilité d'une croissance infinie de la production-diffusion dans un monde conditionné matériellement.

4. Surimpression : « Sortir des technologies zombies, se prémunir des pénuries à venir, inventer de la soutenabilité forte »[46]

C'était en 2019, un mercredi, à une heure improbable située quelque part avant dix-neuf heures mais après dix-huit heures trente, lorsque le mail de Michel se posa doucement dans ma boîte, discret, aérien, fidèle à lui-même. Michel Dubois avait toujours cette manière un peu détachée d'écrire, comme s'il lançait ses mots par-dessus une palissade sans vouloir réveiller personne, l'air de rien.

L'email arriva sans faire de bruit, d'autant plus silencieux que j'avais coupé toutes les notifications sonores – cette manie pénible qui transforme chaque ordinateur en instrument de musique contemporaine, parfois amusant, souvent crispant. Un jour, d'ailleurs, une vidéo m'avait démontré avec humour que l'accumulation des alertes numériques produisait une composition parfaitement audible, entre cacophonie et symphonie minimaliste, preuve que la technologie redessine notre quotidien avec une inventivité cruelle.

---

[46] Cette partie, écrite à la première personne du singulier, a été rédigée par José Halloy.

4.1. Le contexte de l'invention du concept de technologie zombie

Cette fois, le message concernait Cerisy, ce vieux château aux murs gris vaguement austères, où l'on aime à se retrouver pour de savantes conversations, entre sérieux relâché et réflexions vagabondes, délicieusement hors-sujet. Naturellement, Michel avait joint quelques documents, précisément deux : l'un détaillant le séminaire dans ses grandes lignes, l'autre, plus pointu, consistant en une proposition venue des collègues d'agrotechnique, méritant qu'on y réfléchisse un peu, voire beaucoup. « Il faudra qu'on en parle », glissait Michel, précisant d'un air tranquille qu'il pouvait très bien venir jusqu'à l'université, ajoutant aussitôt que rien n'était urgent – pas encore, du moins.

« J'aimerais beaucoup, précisa-t-il encore, que tu restes durant tout le colloque. » On percevait aisément dans cette phrase la perspective joyeuse de ces bavardages informels dans lesquels Michel était passé maître, ce sourire invisible à l'écran mais audible à chaque détour de phrase.

Puis vint le vendredi suivant, en fin d'après-midi, quand Michel reparut dans ma boîte pour remettre Cerisy sur le tapis. Georges Guille-Escuret, Séverine Lagneaux et moi étions invités à devenir les personnages centraux d'une journée « agrotechnique », en compagnie de Loïc Sauvée et probablement Xavier Guchet, responsable d'une séance élégamment intitulée « care ». Michel ajoutait délicatement que notre parole serait évidemment appréciée durant toutes les autres séances – cela allait de soi, enfin, selon lui.

En quelques phrases précises, nettes et limpides, il rappela l'essentiel : les trains à prendre, les horaires auxquels s'en tenir scrupuleusement, ainsi que, toujours avec sa courtoisie naturelle, la prise en charge intégrale et en douceur des billets, lesquels arriveraient directement chez nous. Michel espérait fermement notre présence pour la totalité de l'événement, promettant une semaine riche en échanges stimulants. L'idéal, concluait-il avec une précision presque militaire, serait de rallier Cerisy le mercredi à dix-huit heures trente, pour repartir exactement sept jours plus tard, à midi.

Tout semblait réglé, l'invitation évidente, prête à être acceptée sans autre formalité. Ma première réaction fut cependant de lui écrire aussitôt pour manifester mon étonnement amusé : « Sinon, je remarque qu'il n'y a rien sur durabilité, soutenabilité et anthropocène dans le programme. Étrange, non ? » Michel admit aussitôt le problème avec une décontraction fataliste : « Oui, c'est bien là le hic. » Je lui proposai alors spontanément un titre pour mon intervention : « Contraintes de l'anthropocène : des technologies mortes aux technologies vivantes. Ça te dit quelque chose ? » Première ébauche, embryon de ce qui deviendrait finalement « contraintes de l'anthropocène : des technologies zombies aux technologies vivantes », parfaitement adapté au thème certes ambitieux mais chaleureux : « les sciences humaines et sociales en recherche technologique ».

Le départ se fait gare Saint-Lazare, milieu d'après-midi, sous un ciel couvert, avec cette frénésie ordinaire des grandes gares parisiennes. Quelques annonces indistinctes, des trains qui partent sans émotion, juste à l'heure prévue. Une cathédrale de technologies zombies que l'on nous présente comme moderne et d'avenir. Le paysage change doucement, s'effiloche sans éclats spectaculaires : banlieues anonymes, zones industrielles en retrait, puis des campagnes dont les formes familières s'étirent paresseusement derrière la vitre.

À Caen, il faut changer de train. Une gare sans attrait particulier, quelques minutes d'attente, puis le trajet reprend, plus lentement, vers Coutances. Un paysage normand calme, un peu monotone mais rassurant, se succède sans surprise : champs verts, bosquets soignés, fermes isolées sous un ciel bas. Rien de remarquable, juste une sorte de paix intérieure et extérieure qui accompagne le voyage.

À Coutances, la gare est discrète, presque vide. L'air est plus frais, légèrement humide, vaguement marin sans l'être vraiment. Encore quelques kilomètres en voiture, dans une campagne silencieuse jusqu'à Cerisy-la-Salle. Le village est petit, tranquille, sans prétention excessive. Et puis soudain, un château, simple mais élégant, qui se tient là depuis longtemps, entouré d'un parc aux arbres anciens, parfaitement immobiles, comme figés dans l'attente.

L'arrivée se fait doucement, sans cérémonie particulière, par un chemin de gravier clair qui crisse légèrement sous les pas, presque avec retenue. À droite et à gauche, des pelouses bien entretenues, des arbres aux branches un peu fatiguées, immobiles. On entend seulement ce bruit discret, presque rassurant, des petits cailloux qu'on déplace sans le vouloir vraiment.

Devant soi, le château apparaît finalement sans ostentation, juste posé là, simple, accueillant, avec cette élégance modeste des demeures anciennes. On entre sans difficulté dans les lieux, accueilli par un parquet craquant discrètement, des murs sobres aux couleurs passées, des meubles légèrement usés mais confortables. Rien d'imposant ici, plutôt cette sensation familière, presque domestique.

En montant dans la chambre attribuée, on pense fugitivement aux autres qui sont venus là avant soi. Des écrivains célèbres, des penseurs célèbres, des intellectuels célèbres, aux visages connus, mais parfois aux noms qu'on ne prononce plus très souvent. Leurs portraits photographiques s'accumulent dans la grande salle plaque tournante du château. On s'incline devant ces illustres précurseurs. On imagine leurs présences discrètes, comme des ombres légères qui hanteraient gentiment les couloirs, laissant derrière elles une idée, une phrase, peut-être juste un murmure.

À travers la fenêtre, le parc se dessine calmement sous le ciel gris, une vue immobile. Le silence est agréable, propice à l'idée qu'ici, dans ces mêmes pièces, d'autres ont trouvé ce qu'ils étaient venus chercher : un peu de calme, une pensée plus nette, ou simplement quelques jours hors du monde pour penser ensemble. On se dit alors qu'on pourrait peut-être faire pareil. Voilà le décor où, pour la première fois, j'allais exposer le concept de technologie zombie versus, l'avenir, technologie vivante.

Les idées exprimées dans l'écho des salles et couloirs du château de Cerisy

Contrairement à ce qui est souvent dit, l'humanité n'a pas de problème d'énergie. Les matériaux nécessitent des puissances élevées – autrement dit, un flux d'énergie important, une certaine quantité d'énergie disponible en permanence –, des puissances que l'on ne peut actuellement obtenir massivement qu'à partir des combustibles fossiles ou, à défaut, de l'énergie nucléaire, laquelle, précisons-le, ne constitue pas non plus une solution universelle.

Cependant, ce n'est pas uniquement un problème de couplage entre matériaux et puissances, mais un enjeu plus vaste lié aux technologies elles-mêmes, qui devraient occuper une place centrale dans toute réflexion écologique sérieuse.

En théorie, il n'existe pas vraiment de problème d'énergie : le soleil fournit largement assez d'énergie pour satisfaire les besoins humains – 99 % de la puissance reçue par la Terre provient directement du soleil. Le 1 % restant est issu de la géothermie. Toutefois, l'énergie solaire présente une limite évidente : elle ne dépasse guère les mille watts par mètre carré, une puissance qui, bien que considérable, reste problématique pour nos exigences industrielles actuelles.

Les combustibles fossiles, tels que le charbon, le pétrole ou le gaz naturel, représentent en réalité une forme d'énergie solaire stockée depuis le dévonien ou le carbonifère, à une époque lointaine où aucun usage intensif n'en était fait. Leur principal avantage réside dans la possibilité de réguler facilement leur utilisation, contrairement à l'énergie solaire directe qui, elle, reste tributaire des aléas météorologiques et des cycles circadiens. C'est cette caractéristique cruciale qui a permis aux sociétés industrielles de s'affranchir des contraintes temporelles imposées par le soleil, ouvrant la voie à la révolution industrielle et à l'exploitation massive de matériaux particulièrement gourmands en puissance, tels que les métaux, le ciment et d'autres matériaux modernes de construction.

Pour illustrer simplement ce point, prenons l'exemple banal du ravitaillement en carburant. À raison d'environ un demi-litre par seconde, cette opération ordinaire correspond à une puissance instantanée de près de 20 mégawatts, soit l'équivalent de 10 hectares de panneaux photovoltaïques. Cette densité énergétique remarquable des combustibles fossiles permet ainsi une réponse immédiate aux besoins énergétiques, là où l'énergie solaire directe montre clairement ses contraintes.

La fin des combustibles fossiles et des minéraux en masse : une réalité géophysique – un enjeu structurel

Je constate simplement que certaines technologies, par leur nature même, sont structurellement insoutenables ; ce sont celles que j'appelle les technologies zombies. Cette question dépasse largement les frontières de l'écologie politique et constitue une réalité structurelle incontournable, y compris pour ceux qui n'ont aucune préoccupation écologique particulière.

Ces technologies, responsables d'une aggravation des crises écologiques telles que le réchauffement climatique ou l'érosion de la biodiversité, dépendent entièrement des combustibles fossiles. Ces derniers, non seulement limités en quantité mais aussi à l'origine d'un réchauffement climatique potentiellement désastreux, rendent leur utilisation à grande échelle intenable. Ainsi, un grand nombre de nos technologies actuelles ressemblent à ces morts-vivants familiers du cinéma fantastique, des zombies errant sur Terre avec une certaine hostilité à l'égard de l'humanité, puisqu'elles pourraient bien finir par créer les conditions propices à la disparition d'une partie significative, voire totale, de notre espèce.

Ce concept de technologie zombie est d'ailleurs souvent bien compris par les industriels eux-mêmes. Car même dépourvues de toute sensibilité écologique, les industries doivent composer avec la réalité structurelle de l'épuisement des combustibles fossiles. Les technologies actuelles, malgré leur apparente efficacité, ne sont donc pas viables à long terme et risquent fort de précipiter une crise majeure pour l'humanité.

Cette réalité géophysique et biologique transcende aisément les divergences politiques et devrait logiquement faire consensus. Même les entreprises les plus pragmatiques doivent admettre qu'elles pourraient tout bonnement disparaître entre 2050 et 2100 si rien n'est entrepris pour résoudre ce problème. Les catastrophes écologiques auxquelles nous assistons actuellement ne sont finalement que des symptômes révélateurs d'une situation plus profonde, nécessitant une prise de conscience unanime et urgente.

Technologies zombies

Pour moi, la technologie numérique représente l'exemple même de la technologie zombie par excellence, une idée qui m'a frappé dès 2012. Elle constitue en quelque sorte l'apogée de ces technologies zombies. Aujourd'hui, la tendance est à la numérisation de tout ce qui existe, jusqu'aux pneus eux-mêmes, devenus désormais des objets connectés. Lorsque je m'adresse, avec une pointe d'humour, à mon dentiste qui me conseille une brosse à dent électronique, je souligne ironiquement comment nous brosseront nous les dents dans un futur sans électronique. Cependant, ces technologies restent des zombies, et placer ses espoirs financiers et industriels dans des technologies déjà obsolètes me paraît être une erreur stratégique. Ce commentaire amuse souvent mon auditoire, notamment parce qu'il touche directement aux axes majeurs de développement des entreprises.

Nous sommes confrontés ici à une dissonance entre différentes échelles temporelles. Les technologies zombies annoncent bel et bien la fin d'une civilisation, alors même que nous entamons déjà la transition vers autre chose. Le défi essentiel consiste donc à faire les bons choix et à se poser les questions appropriées. Si l'on me demande si ces technologies zombies sont destinées à disparaître, je réponds clairement oui. Bien sûr, on peut toujours nuancer ce propos en envisageant des scénarios dystopiques dans lesquels une minorité privilégiée vivrait dans un univers cyberpunk, tandis que le reste de l'humanité subirait pauvreté et exclusion.

Cette réflexion comporte une dimension profondément éthique et politique : préserver une démocratie assortie de justice sociale. Certes, on peut imaginer un monde où l'accès à la technologie serait limité à une élite restreinte, laissant la majorité dans la précarité. Mais même un tel modèle semble difficilement soutenable. La disparition des combustibles fossiles paraît inévitable, probablement dès le début du XXIIe siècle. Si les réserves disponibles peuvent être discutées, les analyses actuelles du pétrole demeurent pessimistes. Même l'Agence internationale de l'énergie reconnaît désormais que les réserves pétrolières s'amenuisent, bien que le gaz et le charbon restent disponibles dans des quantités variables. À tout cela s'ajoute le problème incontournable du réchauffement climatique. La réflexion sur la fin des énergies fossiles devient donc une nécessité de long terme.

Ce qui se jouera au début du XXIIe siècle dépend de nos choix actuels. Deux options s'offrent à nous : soit anticiper activement la disparition des technologies zombies et inventer dès maintenant des alternatives moins dépendantes ou totalement indépendantes des combustibles fossiles, soit subir cette transition sans être prêts. Historiquement, les transitions énergétiques ou technologiques nécessitent environ cinquante ans.

Cela dépend évidemment de nombreux paramètres, mais il est clair que nous disposons déjà de nombreuses connaissances scientifiques fondamentales, qu'il serait inutile de réinventer. Par exemple, la transition rapide vers les smartphones s'appuie sur des découvertes en physique remontant au début du XXe siècle. Autre exemple : la mécanisation de l'agriculture en France a nécessité près de quarante ans, portée par un consensus politique et une volonté collective forte. Ces précédents historiques devraient nous inciter à agir dès aujourd'hui.

La notion de technologies zombies aide à identifier les procédés industriels insoutenables à long terme. Par exemple, les combustibles fossiles et certains minéraux sont des stocks, c'est-à-dire des ressources en quantité finie. Repenser ces procédés est essentiel. Les combustibles fossiles ont une fin, car une fois brûlés, ils ne se reforment pas. Les minéraux, en revanche, peuvent être recyclés. Cependant, le recyclage nécessite des procédés physico-chimiques qui demandent une puissance souvent supérieure à l'irradiance solaire. Si cette puissance ne peut être fournie par le soleil, elle devra venir des combustibles fossiles, créant ainsi un verrou technique. Le recyclage, qui pourrait permettre la circularité des matériaux, pourrait paradoxalement induire une demande de combustibles fossiles. Ainsi, l'économie circulaire n'échappe pas au risque d'être zombifiée, autant que l'économie non circulaire actuelle.

4.2. Quelques transitions énergétiques majeures dans l'histoire du vivant

Il importe de saisir que l'idée de technologie zombie procède d'un double déploiement : spatial, tout d'abord, à l'échelle de la planète envisagée comme un être vivant en perpétuel métabolisme, et temporel ensuite, en s'inscrivant dans la trame très ancienne du vivant, laquelle regorge d'exemples fascinants de systèmes durables. C'est ainsi que je formule la problématique de la transition énergétique : en quoi les transitions énergétiques essentielles jalonnent-elles l'histoire de la Terre et des sociétés humaines ?

La première de ces transitions survient avec l'apparition de la vie. Le vivant n'est rien d'autre qu'une architecture inédite de la matière qui, nourrie par un flux d'énergie constant, génère des cellules autonomes. À l'origine de cette organisation, une chimie fermée et cyclique – fondée sur le CHNOPS (carbone, hydrogène, azote, oxygène, phosphore, soufre) – capte l'énergie pour façonner des entités physico-chimiques qualifiées de vivantes. Mais ces éléments CHNOPS ne sont pas infinis. Une fois épuisés, on pourrait croire que le vivant s'éteint.

Il n'en est rien. Les organismes apparus, loin de disparaître, ont persévéré. La vie s'est déployée non seulement parce que la géophysique terrestre l'autorisait, mais aussi parce qu'en retour elle a modifié cette géophysique. Ce tissage réciproque entre le vivant et son milieu a instauré des flux bio-géo-physiques complexes, garantissant la persistance des organismes. Ainsi s'est constitué un nouveau système Terre, rendu possible et transformé par l'émergence de la vie. Ce système, éminemment résilient, se maintient depuis près de quatre milliards d'années, preuve éclatante de sa pérennité.

La seconde transition majeure se révèle avec la photosynthèse. Les organismes vivants, à la fois ingénieux et audacieux, s'emploient à capturer l'énergie solaire pour en tirer parti, métabolisant le dioxyde de carbone en substances organiques. Cette technologie biologique, apparu il y a quelque 2,5 milliards d'années, bouleverse la destinée de la planète. Non seulement elle redessine la composition chimique de l'atmosphère, des océans et des continents, mais elle ouvre également la voie à l'émergence des formes complexes de vie, jetant ainsi les bases de l'apparition future de l'humanité.

La troisième transition est signalée par le moment où les organismes photosynthétiques quittent les mers pour conquérir les continents, trouvant sur les sols émergés une lumière plus abondante. Ces pionniers élaborent une invention sans précédent : le bois, astucieux détournement de la photosynthèse, qui permet de bâtir des structures verticales et de s'élever vers les cieux afin de capter toujours plus de lumière solaire. La végétation terrestre s'étend alors, les forêts du Carbonifère et du Dévonien s'épanouissent. Une fraction de cette luxuriance végétale, ensevelie au fil des âges, donnera naissance bien plus tard aux combustibles fossiles, modifiant en profondeur l'avenir énergétique de la planète. Il est important de noter que les plantes, en maîtrisant l'exploitation de la principale source de puissance sur Terre qu'est le Soleil, dominent en termes de biomasse. Elles l'emportent de façon évidente dans la course évolutive, leur capacité à transformer la lumière en énergie biologique étant sans égale.

La quatrième transition s'opère avec l'apparition du feu et des outils. Voilà environ 1,7 million d'années que le genre Homo entreprend d'apprivoiser le feu afin d'y cuire sa nourriture, modifiant ainsi en profondeur sa physiologie. La taille du cerveau s'en trouve augmentée, et c'est à cette mutation, provoquée par la maîtrise du feu, que l'on doit ensuite l'apparition d'Homo sapiens. Sans feu ni technique, point de sapiens. Mais le feu marque aussi un point de rencontre décisif entre la photosynthèse, dont procèdent le bois, et les minéraux façonnés en outils. De cette alliance inattendue entre minéral et flamme naîtront, plus tard, les céramiques puis les métaux. Ainsi, une fois encore, l'élément primordial dans cette spectaculaire transition demeure la photosynthèse, c'est-à-dire la faculté singulière de capturer l'énergie solaire.

La cinquième transition majeure survient avec l'invention de l'agriculture, voilà environ vingt mille ans. Ce moment correspond à la systématisation définitive du « piratage » de la photosynthèse, que ce soit indirectement, par l'élevage des animaux consommateurs de végétaux, ou directement, par la culture des plantes elles-mêmes. Aussitôt, les humains deviennent plus sédentaires, les villes s'étendent et s'imposent partout, dessinant dans leur sillage des paysages profondément remaniés, quadrillés par les champs, sillonnés par les routes, envahis de constructions. Avec ce bond technique, l'aventure d'Homo sapiens s'emballe : les civilisations prolifèrent, les inventions se multiplient à vive allure, modifiant sans cesse les milieux. La domestication simultanée d'espèces végétales, animales et microbiennes engendre ainsi un immense répertoire de technologies vivantes, façonnées de toutes pièces par l'humain, dont l'ampleur transforme désormais la surface entière du globe.

La sixième transition, plus récente et pas moins spectaculaire, débute voici quelque deux cent cinquante ans : c'est l'entrée en fanfare dans l'ère des combustibles fossiles. Au XVIIIe siècle, les Anglais – que rien n'arrête décidément jamais – ont l'idée lumineuse d'industrialiser le charbon, inaugurant ainsi le règne fracassant du fossile et ouvrant en grande pompe la Révolution industrielle. Le XIXe siècle, prenant le relais avec enthousiasme, accélère encore le mouvement, et ce bouleversement prendra bientôt le doux nom d'« Anthropocène ». Là où le vivant, laborieusement, avait modifié atmosphère, océans et continents en prenant son temps sur quelques milliards d'années, Homo sapiens, lui, ne mettra guère plus de deux siècles à tout refaire, mais en beaucoup plus grand, beaucoup plus fort, ou pas, mais avec nettement moins de scrupules.

S'installe alors définitivement l'âge des métaux, minéraux exploités par millions, milliards de tonnes, chiffres étourdissants à faire pâlir toute géologie normalement constituée. Surgissent à toute vitesse d'inédits systèmes techniques accompagnés de normes sociales flambant neuves, de stratégies politiques et géopolitiques affûtées, de programmes de recherche en série, de formations toujours plus spécialisées, le tout adossé à un système économique réputé insatiable et cynique, commodément désigné sous le vocable « capitalisme ». À cela s'ajoute une sorte de mythologie enthousiaste du progrès technique illimité, doublée d'une cosmologie mégalomane où Homo sapiens, décidément sûr de lui, se voit déjà conquérant d'autres planètes, voire d'autres étoiles – pourquoi se gêner.

Ainsi, ce qu'on appelle pudiquement « transition énergétique » dépasse largement la simple question énergétique : c'est bien l'émergence entière d'une civilisation neuve et complexe, transformant au passage l'humanité en démiurge planétaire, façonnant à son gré un nouveau système Terre. Mais là où le vivant avait patiemment construit un monde habitable, cette dernière tentative humaine, en s'exécutant à marche forcée par la seule grâce combinée des combustibles fossiles et des minéraux à foison, produit plutôt un système nettement moins aimable, beaucoup moins accueillant. Autrement dit, en poussant son talent à ce point-là, Homo sapiens risque bel et bien d'avoir lancé son sprint final vers l'extinction – mais il est vrai que, jusqu'ici, il court vite et sans regarder derrière lui.

La septième transition majeure, celle dans laquelle nous entrons tout juste, annonce la sortie progressive et bienvenue de l'âge intensif des combustibles fossiles et des minéraux. Fin annoncée, non par lassitude mais par nécessité, elle obéit principalement à deux ordres de raisons, aussi complémentaires qu'évidents : physiques, d'abord, anthropiques ensuite.

D'un côté, les raisons physiques tiennent simplement à ce que les ressources géologiques s'épuisent tranquillement. À mesure que l'on creuse, perce, extrait, bref, à mesure que l'on gratte le fond du tiroir terrestre, accéder à ce qui reste devient plus délicat, plus coûteux en énergie comme en puissance. Et, naturellement, ces efforts s'accompagnent d'effets secondaires catastrophiques, rétroactions systémiques nommées réchauffement climatique ou encore perte de biodiversité. Ces phénomènes, on le voit clairement aujourd'hui, finissent par altérer le terrain même où s'exercent nos activités, rappelant à l'industrie qu'elle n'est pas hors-sol mais toujours fermement ancrée sur la planète Terre, dont elle dépend finalement pour continuer d'exister.

D'un autre côté, les raisons anthropiques apparaissent, elles, sous la forme des choix que font désormais les humains confrontés à ces contraintes. Choix raisonnés, par exemple, lorsqu'il s'agit de limiter volontairement nos émissions de gaz à effet de serre ou bien encore de freiner, en conscience, l'exploitation massive des ressources minérales. Parmi ces choix, l'idée de sobriété, sans être ennuyeuse ni austère, fait même figure de démarche plutôt élégante : consommer moins, mais mieux, avec finesse. Encore mieux serait d'inventer un nouveau métabolisme industriel, un métabolisme ingénieux basé cette fois sur des ressources renouvelables, sagement conçues pour être moins avides de puissance – disons, en somme, moins « puissancevores », mon néologisme sympathique mettant l'accent non seulement sur les quantités d'énergie mais aussi et surtout sur son rythme d'usage, sur la subtilité des flux énergétiques.

La grande question demeure de savoir si, une fois encore, nous allons réussir ce tour de force : inventer un nouveau « piratage » raffiné de la photosynthèse, nous engager enfin dans une chimie douce du carbone (CHNOPS) plutôt que persister dans l'usure métallique et minérale du monde. Ce serait là un élégant retournement : transformer notre manière de faire partie de la Terre non plus dans l'urgence et la précipitation, mais avec patience, douceur et durable ingéniosité. Car la soutenabilité forte, loin d'être une simple formule, promet une habitabilité du monde sur des siècles, voire sur des millénaires – ce qui, on en conviendra, constitue une perspective plutôt réjouissante.

Métabolismes d'antan et d'avenir, ou comment penser le temps long – très long – du passé comme de l'avenir

Le métabolisme, pour le dire simplement, est l'ensemble des procédés physiques et chimiques qui font qu'un système fonctionne, qu'il soit vivant ou technique. Or, si l'on s'avise de comparer, même rapidement, le métabolisme du vivant avec celui de nos technologies, force est de constater qu'ils n'ont presque rien à voir ensemble. Les chimies sont différentes, les puissances également, et quant aux procédés physico-chimiques mis en œuvre, ils n'ont pas grand-chose à se dire. D'un côté, on trouve une chimie discrète, fluide, disons « mouillée », baignant paisiblement dans l'eau qui lui sert de solvant, opérant tout en douceur à faible puissance, et s'appuyant avec constance sur le carbone et son célèbre cortège : CHNOPS, pour faire simple. De l'autre, c'est une tout autre affaire : physico-chimie sèche et minérale, à très haute puissance, bruyante, brûlante, toute en métaux et en cristaux – le contraire exact d'une paisible promenade aquatique. À vrai dire, le métabolisme technique actuel craint même l'eau, qu'il évite avec soin, comme s'il se méfiait de cet élément pourtant si familier à la vie.

Cette différence peut se comprendre aisément en comparant, par exemple, Lee Sedol et AlphaGo jouant tranquillement au go. En 2016, AlphaGo est ainsi la première machine à triompher d'un grand champion humain de ce jeu réputé complexe. D'un côté, donc, un cerveau humain, sorte de gel humide, vaguement visqueux, baignant dans son eau salée et fonctionnant paisiblement avec une modeste puissance d'à peine vingt watts. En face, c'est une tout autre affaire : une grande armoire métallique, dense, blindée de câbles, saturée de plastique et de silicium, bref un ordinateur, engloutissant allégrement cent cinquante mille watts simplement pour alimenter ses microprocesseurs – son prétendu « cerveau ». On mesure ainsi toute l'ironie de la chose : une machine gourmande, démesurée, manifestement non durable, ni renouvelable, a battu à force de calcul un être humain remarquablement économe, soutenable et parfaitement renouvelable, doté d'un cerveau qui tourne gentiment à vingt watts, ni plus ni moins. Et encore, précisons que l'humain, en plus de savoir jouer au go, sait faire infiniment plus de choses avec ce même petit cerveau, ce qui remet tout de même les choses en perspective.

Sur le vivant, on est encore loin d'avoir tout compris – il reste, disons-le franchement, énormément à découvrir. Pourtant, nous savons déjà pas mal de choses sur les raisons qui permettent au vivant de perdurer tranquillement depuis trois ou quatre milliards d'années. Nous connaissons un peu mieux cette étrange physico-chimie si particulière, nous comprenons assez bien comment elle fonctionne, pourquoi précisément celle-ci plutôt qu'une autre. Nous comprenons également mieux aujourd'hui ce qu'est une « planète vivante », nous réalisons que l'humanité ne se contente pas d'habiter la planète, mais qu'elle en fait partie intégrante, tout comme le reste du vivant. Bref, nous en savons désormais suffisamment pour poser d'autres questions, ouvrir d'autres pistes de recherches et – pourquoi pas – engager enfin ce dialogue entre disciplines que l'on appelle, avec optimisme et un rien d'insistance, interdisciplinarité.

Les apprentis ingénieurs n'ont guère droit à des cours de biologie – détail ennuyeux, il faut bien le dire, car cela les laisse singulièrement mal préparés face aux défis écologiques et de soutenabilité. Comment voulez-vous, au fond, que quelqu'un n'ayant aucune idée de la manière dont fonctionne le vivant se mette soudain à « fabriquer » de l'écologie et de la soutenabilité ? Naturellement, il ne le peut pas. Aussi, lorsque je fais observer à un ingénieur qu'il partage exactement le même code génétique que le géranium ou même cet arbre qu'on aperçoit par la fenêtre, il est un peu surpris, vaguement perplexe, il trouve la chose singulière. Et je lui demande pourquoi. La réponse, pourtant simple, est que cette physico-chimie précise est la seule à avoir su rester durable, efficace, en un mot soutenable, pendant près de quatre milliards d'années. Nous autres, humains, portons ainsi en nous le métabolisme de LUCA (Last Universal Common Ancestor), autrement dit, la dernière population d'ancêtres communs universels, organismes primitifs et fondateurs apparus sur Terre voici environ 3,8 milliards d'années – excusez du peu –, ancêtre direct de toutes les formes de vie étudiées aujourd'hui, nous inclus. On peut donc affirmer, sans crainte de paraître excessif, que cela représente bel et bien de la soutenabilité forte.

Les technologies zombies, au fond, ne sont rien d'autre que le symptôme de la fin programmée de ce métabolisme soutenu à bout de bras par les combustibles fossiles et les minéraux. Nous voilà ainsi ramenés à la case départ, à ces sociétés humaines, entièrement soumises à la contrainte solaire jusqu'au XVIIIe siècle. La grande question reste de savoir si l'on réussira, partiellement ou totalement, à contourner cette contrainte, ou s'il faudra s'y résoudre une bonne fois pour toutes. Mais surtout, ce constat remet radicalement en cause notre métabolisme technique actuel, cette physico-chimie industrielle à haute intensité et haute puissance, qui n'est tout simplement pas soutenable parce qu'elle refuse obstinément d'épouser le rythme et la logique profonde du métabolisme terrestre.

D'où l'idée raisonnable, presque évidente, qu'il serait pertinent de prendre le vivant comme modèle de référence pour imaginer nos futures technologies vivantes. Car le vivant, rappelons-le sans lassitude, demeure la seule chose connue à avoir su être durable, tranquille, véritablement soutenable, pendant plus de trois milliards d'années. C'est, pour ainsi dire, la preuve irréfutable que certains processus physico-chimiques fonctionnent admirablement bien, capables de perdurer très longtemps, même sans nous – les humains n'étant pas indispensables à cette histoire-là. Si d'aventure l'humanité venait à disparaître brutalement après une catastrophe quelconque, la vie, essentiellement microbienne, se réorganiserait sans difficulté pour retrouver son équilibre, continuant à prospérer des millions, voire des milliards d'années. Après tout, elle en a vu d'autres : cinq extinctions massives ont déjà eu lieu avant nous, cinq déséquilibres fondamentaux dont elle s'est toujours relevée. L'humain pourrait donc s'éclipser, certes, mais certainement pas la vie elle-même.

Pénuries à venir, ou comment négocier avec la rareté qui s'annonce

Les pénuries à venir concernent essentiellement tous ces métaux et métalloïdes, qui occupent généreusement une bonne partie du tableau périodique des éléments, présents certes, mais en quantité limitée sur notre planète. Ajoutons à cela la raréfaction annoncée des combustibles fossiles, derniers vestiges fossiles issus des lointaines forêts du Dévonien et du Carbonifère. Ces pénuries, bien loin d'être uniquement naturelles, résultent directement du métabolisme technique que nous avons inventé et adopté. Elles sont donc en grande partie façonnées par nos choix sociaux, nos politiques économiques, nos habitudes de consommation – bref, entièrement construites par les humains que nous sommes.

Prenons par exemple le cuivre, dont la consommation grimpe exponentiellement depuis les débuts du XXe siècle, atteignant aujourd'hui le chiffre extravagant de vingt-quatre millions de tonnes par an – quantité proprement phénoménale. Tant qu'on peut puiser dans les mines, rien n'empêche la courbe de monter, chaque année plus haut. Cette dynamique exponentielle, notons-le en passant, concerne à peu près tous les matériaux qu'on s'est mis en tête d'utiliser intensivement.

Mais voilà : quand le stock s'épuise – car il finit nécessairement par s'épuiser –, la croissance s'arrête brusquement, et la disponibilité des matériaux se met alors à dépendre entièrement des objets usagés, vieillissants, qu'il faut désormais recycler. Le recyclage des métaux n'a rien à voir avec l'exploitation tranquille et expansive des mines : lorsqu'on exploite un stock intact, il suffit simplement d'accroître la puissance pour obtenir davantage, plus vite, et plus facilement. Recycler, c'est une tout autre affaire, moins spectaculaire, plus subtile, et surtout beaucoup moins prodigue.

À ce propos, il convient de noter que les estimations actuelles ne laissent guère d'illusions : des difficultés sérieuses d'approvisionnement en cuivre se profilent déjà pour les décennies qui viennent, et certainement pas pour les siècles futurs, comme certains aimeraient encore le croire.

Nous allons donc tranquillement glisser vers un état dans lequel, si nous disposons encore de ces matériaux, ce sera désormais en quantité annuelle strictement finie. Chaque année, cette quantité diminuera progressivement, marquant par là même un changement radical de modèle socio-économique. Car enfin, depuis le début du XIXe siècle jusqu'à aujourd'hui, notre modèle occidental n'a juré que par la croissance économique permanente, fondée sur une consommation toujours plus grande de matériaux et de combustibles fossiles. Or, si nous parvenons au bout de ces derniers, et réussissons tant bien que mal à instaurer une certaine circularité des métaux – ce qui, rappelons-le, n'est absolument pas gagné –, nous ne serons plus dans cette confortable dynamique de croissance énergie-matériaux. Nous entrerons alors dans une sorte d'état stationnaire, fluctuant sans doute, oscillant paisiblement autour d'un équilibre plus ou moins stable, mais une chose est certaine : la période glorieuse de croissance exponentielle sera terminée.

Les pénuries annoncées de matériaux critiques sont donc autant de signaux clairs indiquant que notre métabolisme technologique actuel doit et va nécessairement évoluer, entraînant avec lui la transformation profonde du modèle socio-économique qui l'accompagne depuis deux siècles. C'est peut-être inquiétant, mais c'est sans doute aussi la seule voie raisonnable, sinon désirable.

Les matériaux critiques, entendons-nous bien, ne sont pas toujours si rares qu'on voudrait nous le faire croire, du moins pas en termes strictement agéologiques. Mais voilà, ils ont la fâcheuse tendance à se cacher dans des coins géologiques ou géographiques peu commodes, ou à exiger des technologies sophistiquées – entendez par là, souvent inexistantes ou pas vraiment au point, quand ils ne sont pas tout simplement victimes d'un manque d'énergie local. Ajoutez à cela quelques joyeuses complications réglementaires, une pincée généreuse de géopolitique et de petites variations régionales, et vous obtenez une charmante « criticité » parfaitement artificielle, variant d'ailleurs selon les pays – les rapports de l'Union européenne ne disent pas exactement la même chose que ceux de l'Agence Internationale de l'Énergie, mais enfin, c'est le jeu.

Quant aux matériaux non métalliques – ciment, sable, graviers et autres compagnons silencieux de nos constructions –, ils ne sont pas en reste lorsqu'il s'agit de poser problème. Prenons l'acier, par exemple : il occupe la première place en termes de puissance consommée, avec une production annuelle qui dépasse les deux milliards de tonnes de minerai de fer. Juste derrière, le ciment, discret mais omniprésent, affiche des chiffres encore plus vertigineux, frôlant ou dépassant les trois milliards de tonnes par an. Des volumes gigantesques, difficilement imaginables, et pourtant devenus familiers dans un monde où la croissance matérielle semble encore aller de soi.

Ces quantités monstrueuses, naturellement, ne sont pas éternelles. Et c'est là qu'intervient ce que j'appelle élégamment la « zombification » : mort lente et entropique des métaux. À chaque cycle, voyez-vous, un peu de matière disparaît discrètement, presque imperceptiblement, par dispersion. Mais quand même : 1 % perdu à chaque recyclage, cela paraît négligeable, mais faites le calcul – en un siècle, c'est plus de la moitié (63 %, excusez du peu) qui s'évanouit tranquillement dans la nature. On finira donc, à force, par se retrouver dans un état où, s'il reste encore quelque chose de ces matériaux miraculeusement disponibles, ce sera en quantité rigoureusement finie chaque année – et chaque année, évidemment, un peu moins. Mais après tout, qui pouvait prévoir une chose pareille ? Quelques scientifiques, dont je fais partie, qui analysent ces questions depuis les années 1970, à commencer par le célèbre rapport *Limits to growth* de 1972.

4.3. Les grandes inventions du vivant, ou l'art ancien de durer sans s'épuiser

L'histoire du vivant, c'est celle de l'apparition de fonctions nouvelles, de bifurcations décisives, d'événements majeurs qui transforment en profondeur le visage du monde. Prenez la photosynthèse : un véritable événement. La planète existait avant, elle existera après, certes, mais ce n'est plus la même

Terre. Il y a un avant et un après la photosynthèse, comme une bascule silencieuse dans le système planétaire.

Chaque pénurie survenant dans le système géo-biochimique de la Terre provoque un déséquilibre, certes, mais ce n'est pas pour autant une catastrophe au sens définitif. La catastrophe existe, bien sûr – des extinctions massives en témoignent – mais elle ne clôt pas le récit. Car le vivant, lui, a cette faculté singulière : il invente. Il fabrique du neuf à partir du manque, il compose avec ce qui reste. À chaque transformation majeure, on observe la même chose : un déséquilibre d'abord, parfois brutal, puis l'émergence de nouveaux équilibres. Certaines espèces s'éteignent, d'autres apparaissent, prennent la place, s'adaptent, recomposent. Le vivant est un laboratoire permanent d'innovation, mais sans brevet, sans plan préétabli – juste une obstination à continuer.

La question que je me pose – que nous nous posons souvent sans même y penser – est profondément anthropocentrique, et je l'assume. Ce qui m'inquiète, ce ne sont pas les équilibres de la planète en tant que tels, parce que je sais que le vivant, lui, continuera d'une manière ou d'une autre. Ce que je cherche à comprendre, c'est quels sont les équilibres compatibles avec l'existence de sociétés humaines. Quels types de configurations bio-géophysiques permettraient encore à notre espèce de tenir debout, d'habiter quelque part, de s'organiser sans vaciller ? Car le vrai sujet, ce n'est pas la survie du vivant – il en a vu d'autres – mais bien notre place à nous, fragiles Homo sapiens, dans cette grande mécanique.

Je me rends compte qu'il n'y a pas, à proprement parler, d'équilibres figés qui seraient « compatibles » avec le vivant en tant que tel. Le vivant, lui, n'a jamais cessé de naviguer dans l'instabilité, de composer avec les flux, les contraintes, les accidents. Mais la question, c'est : est-ce que nous, humains, avons les bonnes échelles de temps pour faire de même ? On revient toujours à ça. Les pénuries sont là, elles émergent, elles s'intensifient. Et ce qu'il faudrait faire, au fond, c'est ce que le vivant fait depuis des milliards d'années : se reconfigurer en fonction des flux disponibles. S'ajuster. S'adapter. Mais faire ça vite, très vite, est une tout autre affaire. Amorcer une véritable transition écologique prend du temps – cinquante ans, au bas mot, pour que les choses s'ancrent, s'instituent, se transforment en profondeur.

Quand je regarde l'histoire des sociétés humaines, je vois qu'Homo sapiens apparaît il y a environ 300 000 ans. Et qu'il faudra encore près de 280 000 ans pour que les sociétés de chasseurs-cueilleurs entament le grand virage du Néolithique. Ce basculement crée d'ailleurs son lot de déséquilibres, provoque l'effondrement de certaines populations. Et puis, après ça, il faut attendre encore près de 20 000 ans pour qu'advienne la révolution industrielle. Depuis, c'est l'accélération permanente. Une accélération technique fulgurante qui, malgré sa vitesse, s'est toujours déroulée à l'intérieur d'un cadre physico-chimique assez stable, toujours fondé sur les mêmes grands principes.

C'est là que me revient la distinction proposée par Conrad Waddington, dans sa réflexion sur les trajectoires du vivant. Il oppose l'homéostasie – ce retour vers un état stable, un point fixe – à l'homéorhésie, qui désigne plutôt une stabilité de trajectoire, un mouvement qui conserve sa direction même s'il est traversé par des perturbations. Pour penser l'évolution biologique, mais aussi celle des systèmes complexes comme les sociétés humaines, Waddington invente le concept de *chreod* : un chemin de nécessité, une voie canalisée par les contraintes du système, mais encore ouverte à des bifurcations possibles. Nous ne revenons donc pas à un équilibre perdu ; nous poursuivons une dynamique, une courbe, un flux – et c'est cela qu'il faut comprendre.

Alors oui, je pense qu'on peut encore réinventer la suite. Rien n'est écrit à l'avance. Le vivant nous le montre depuis toujours : on peut bifurquer, on peut changer de forme, de rythme, de logique. À nous maintenant d'en faire autant – non pas en cherchant à revenir à un passé idéalisé, mais en apprenant à suivre, avec intelligence et sobriété, les chreods possibles de notre avenir.

Trois missions pour réinventer notre avenir

Pour espérer rester dans le jeu – ou, du moins, ne pas en être exclu trop tôt – il nous faut entreprendre trois missions. Successives peut-être, complémentaires à coup sûr, et sans doute simultanées tant l'urgence s'accélère. Trois trajectoires possibles pour ne pas sombrer, ou pour émerger, pas à pas, de cette ère crépusculaire des technologies zombies.

La première mission, la plus immédiate, consiste à prendre soin du présent. Pas l'instant fugace, mais ce présent étiré, cette sorte de bulle englobante qui contient encore des grands morceaux de passé et déjà les contours d'un futur en marche – un futur déjà inscrit, déjà en train d'advenir. Il s'agit donc de faire face, au jour le jour, à ce qui pèse, casse, déborde : réparer ce qui peut l'être, fermer ce qui vacille, rediriger les flux devenus absurdes, amortir les chocs, limiter les dégâts. Une mission sobre, sans gloire, mais essentielle. Une mission de lucidité.

Car il faut bien commencer quelque part. Et ce quelque part, c'est ici. Sortir de la prison du présent, de l'inertie des routines, des rails tracés par les choix d'hier. Faire preuve de courage, bien sûr, mais surtout de discernement – cette forme rare d'intelligence qui voit clair sans ciller, même quand l'habitude voudrait regarder ailleurs.

La deuxième mission est plus ambiguë, presque paradoxale. Il s'agit d'utiliser, pour un temps, les technologies zombies elles-mêmes – celles-là mêmes que l'on souhaite dépasser – dans l'espoir de faire de l'écologie. Une écologie de circonstance, imparfaite mais nécessaire. L'idée, c'est de ralentir la casse, de retarder les catastrophes écologiques annoncées, d'endiguer, autant que faire se peut, le réchauffement climatique. Avec les outils dont nous disposons aujourd'hui, il est possible de construire une forme de soutenabilité faible. Pas idéale, pas pérenne, mais suffisante pour tenir quelques décennies. C'est un temps de transition, une façon de se maintenir à flot tout en préparant, en silence, le prochain virage.

Ce moment est délicat, mais crucial. Car il s'agit aussi de commencer à sortir du cimetière des machines puissancevores et énergivores, des systèmes lourds, rigides, conçus sans ménagement pour le vivant. C'est le moment d'infiltrer un peu de souplesse dans les dispositifs, d'ouvrir la voie à des techniques plus sobres, plus attentives, moins hostiles au monde qui les entoure.

Alors oui, on fabrique des voitures électriques, on déploie des panneaux photovoltaïques, dans l'espoir que cela réduira les émissions de gaz à effet de serre. Je ne dis pas que cela marche – je dis que c'est l'espoir. Et je ne vais pas prétendre qu'il ne faut pas faire de photovoltaïque sous prétexte que, pris dans leur état actuel, ces panneaux ne sont pas soutenables sur le long terme. Ils incarnent, tout au plus, une soutenabilité faible, à l'horizon du XXIe siècle.

Prenons l'industrie automobile, par exemple, en Europe. Nous savons – les chiffres le montrent – que la voiture électrique est une technologie zombie. Et pourtant, en France, son abandon brutal entraînerait la perte de quatre millions d'emplois. Pouvons-nous encaisser un tel choc social, ici et maintenant ? Évidemment, non. Il en va de même pour le photovoltaïque, les éoliennes, toutes ces technologies intermédiaires : elles ne sont pas encore l'issue, mais elles permettent peut-être d'atteindre l'issue.

Car au fond, il ne s'agit pas de plaquer une solution miracle, toute faite, déjà disponible, à simplement implémenter – comme on installerait un logiciel. Il s'agit d'inventer des trajectoires. Des sentiers, pas encore tracés, qu'il faut parcourir pas à pas, avec patience, avec soin. Chaque pas compte, chaque hésitation aussi. Et c'est dans ce mouvement graduel, progressif, que l'on se rapproche, à tâtons, de l'horizon de la soutenabilité forte. Ce n'est pas un saut, c'est une marche. Une marche lente, mais qui dessine, dans son effort même, un autre avenir.

La troisième mission est sans doute la plus ambitieuse, mais aussi la plus décisive. Elle consiste à inventer des technologies vivantes – c'est-à-dire des techniques en résonance avec les processus du vivant, capables de durer, de s'adapter, de composer avec le monde plutôt que de le forcer. Des technologies dotées d'une soutenabilité forte, capables de tenir non pas quelques décennies, mais plusieurs siècles, voire des millénaires. Il ne s'agit plus ici de colmater, de compenser ou de freiner l'effondrement : il s'agit de réinventer. De penser autrement. De concevoir un nouveau métabolisme technique, sobre en puissance, ancré dans les cycles du carbone, aligné sur les rythmes de la biosphère, respectueux des processus planétaires.

Ce n'est pas une révolution industrielle de plus, c'est autre chose. Une bifurcation. Une innovation profonde, presque organique, qui ne se contente pas de recycler le passé ni de prolonger les tendances – mais cherche à écrire un autre futur, avec d'autres matériaux, d'autres échelles, d'autres logiques. Pour cela, il faut renoncer au fantasme du « tout ou rien », de la solution parfaite surgissant d'un coup. Il y a des degrés dans la soutenabilité. Des nuances. Des zones d'ombre. Des compromis aussi, car toute société est prise dans des enchevêtrements socio-économiques complexes – les risques de chômage, les tensions géopolitiques, les inerties institutionnelles.

Cette mission demande un effort d'imagination politique à long terme, une pensée étagée sur les échelles du temps long. Il faudra apprendre à concevoir des politiques qui s'inscrivent non pas sur cinq ans, mais sur cinquante, cent, ou davantage. Ce n'est pas impossible, mais aujourd'hui, nous ne savons pas encore comment le faire. Il nous manque les outils, le langage, parfois même le désir. Et pourtant, c'est à cette échelle-là que se joue la question de notre survie – ou du moins, de notre continuité. Car c'est en acceptant cette lenteur, cette profondeur, que nous pourrons vraiment ancrer nos sociétés dans un avenir habitable.

Un système technique, ce n'est jamais seulement un objet ou un outil. C'est tout un monde : un ensemble de savoir-faire, de recherches, d'enseignements, de normes politiques, d'économies organisées, de récits collectifs. C'est un imaginaire, une cosmologie, une certaine idée de la nature et de ce que nous y faisons. Quand je parle de technologie zombie, je ne parle pas seulement d'un smartphone qui consomme trop d'énergie ou qui finit au fond d'un tiroir. Je parle d'un système entier, zombifié de la tête aux pieds – un système socio-économique, politique, géopolitique et symbolique, entièrement structuré autour de cet objet. Ce n'est pas le téléphone qui est mort-vivant, c'est tout ce qui le rend possible, désirable, et obligatoire.

Il ne suffit donc pas de changer la nature du smartphone pour s'en sortir. Il faut s'atteler à une tâche autrement plus vaste : transformer les systèmes qui le produisent, le distribuent, le rendent incontournable. Cela suppose d'inventer autre chose, de reconfigurer les fondations mêmes du politique, du marché, de l'imaginaire.

Et pour cela, il faut un nouveau modèle. Un modèle plus ancien, plus robuste : le vivant. Le vivant comme source d'inspiration technique. Si je conçois un smartphone aujourd'hui, je dois le penser comme un organisme : il naît, il vit, il meurt. Que devient-il à sa mort ? Se décompose-t-il ? Nourrit-il un cycle, une renaissance, une évolution ? Et puis, quels sont les processus qui favorisent l'apparition de nouvelles espèces technologiques ? Est-ce la banque qui me pousse à installer son application ? Est-ce le marketing, l'obsolescence programmée, l'économie de l'attention ?

Aujourd'hui, le *business as usual* consiste à concevoir des objets d'abord, puis à se demander ensuite comment les recycler. On produit d'abord, on réfléchit après. On crée des technologies zombies, et une fois qu'elles sont là, on s'agite autour de la question des déchets. Mais cela ne tiendra pas longtemps. Le smartphone, après 2050, commence déjà à devenir problématique. Et au début du XXIIe siècle, il pourrait bien devenir tout simplement impossible – faute de matériaux critiques, faute de combustibles fossiles, faute d'un monde capable de soutenir encore ce genre de cycle technique.

C'est cela qu'il faut anticiper. Pas seulement la fin du smartphone, mais la fin d'un monde qui le rendait pensable. Et l'invention, patiente, exigeante, d'un autre monde – où la technique serait enfin vivante, elle aussi.

Un smartphone idéal ? Ce serait peut-être celui qu'on peut manger. Oui, littéralement : un smartphone au métabolisme CHNOPS – carbone, hydrogène, azote, oxygène, phosphore, soufre – la chimie du vivant, pas celle des mines. Et si ce n'est pas nous qui le mangeons, alors qu'au moins d'autres organismes puissent le digérer. Qu'il devienne compostable. Compost qui relie l'objet technique aux processus de la Terre, à cette planète vivante qui, depuis quatre milliards d'années, invente sans relâche des futurs.

Partir pour mieux recommencer : repenser la soutenabilité des techniques, réécrire l'avenir

Après avoir rallié Cerisy un mercredi à dix-huit heures trente – l'heure exacte des commencements feutrés – je repartis exactement sept jours plus tard, à midi, ce moment suspendu où le départ hésite encore à effacer les traces du séjour.

Les valises étaient prêtes. Elles contenaient, bien sûr, quelques vêtements, des carnets raturés, des câbles technologiques zombies oubliés au fond d'une poche – mais aussi tout le reste, ce qui ne pèse rien et qu'on emporte quand même : les éclats de discussions échappés sur la placette devant le château, les idées lancées comme des ricochets sur un étang, les silences suspendus entre deux phrases, et le crissement obstiné du gravier sous les pas, rythmé par les volutes lentes des fumeurs.

Du petit-déjeuner pris à la lumière pâle du matin jusqu'au couvre-feu officieux, quelque part autour de vingt-trois heures, les journées s'étaient remplies sans excès, mais sans pause : exposés, discussions, puis discussions sur les discussions, parfois digressives, parfois essentielles. C'était une parenthèse, une sorte d'enclave dans ce monde saturé de flux – flux d'informations, d'alertes, de tensions – un archipel calme où le temps reprenait forme, et où penser ensemble redevint possible.

En quittant les lieux, nous emportions tout cela, dispersé dans nos pensées, vers d'autres horizons encore imprécis. Et je ne pouvais m'empêcher de me demander si les arbres du parc – ces grands arbres majestueux, séculaires – gardaient en secret quelque trace de nos voix, insérées là, délicatement, entre deux cernes de croissance. Comme un enregistrement discret, déposé dans le bois, par pure magie végétale.

Et peut-être que cette magie n'en est pas une. Peut-être qu'il s'agit là, justement, d'une technologie vivante. Le bois n'est-il pas, depuis des temps immémoriaux, l'une des premières techniques du genre *Homo* ? Bien avant *sapiens*, le bois a accompagné les gestes, les abris, les outils, les feux. Il n'est pas seulement matière : il est mémoire, structure, résonance. Une technologie vivante, inscrite dans le métabolisme de la Terre, capable de capter, d'abriter, peut-être même de transmettre.

Parmi ces moments suspendus, je garde un souvenir particulièrement ému de mes échanges avec Georges Guille-Escuret, dont les cigares rythmaient la conversation. Nous parlions fort et longtemps, le soir tombait autour de nous. L'obscurité n'interrompait pas nos échanges. Je ne savais pas, alors, que c'était la dernière fois que j'aurais ce plaisir-là. Sa disparition a relégué dans les limbes nos projets d'écriture commune. J'écris trop lentement. Pour moi, écrire n'a jamais été un geste fluide : c'est une opération à cœur ouvert, une trépanation discrète, un forage à la mèche fine dans le langage, plus douloureux qu'exaltant.

Je me souviens aussi d'une soirée à la fois sérieuse et joyeusement décalée, un de ces moments suspendus où les lignes entre conférence et performance deviennent floues. Bernard Stiegler était là, en pleine forme, jouant avec les mots comme on agite des dés au fond d'un gobelet – anthropos, entropie, et tant d'autres, jetés sur la table avec un mélange d'érudition brillante et de malice. Il convoquait à la volée une ribambelle de physiciens, de biologistes, de penseurs scientifiques venus d'horizons multiples. Et ce qui m'étonna, c'est que je les connaissais tous – ils m'étaient familiers, ces noms, ces concepts, ces équations à demi évoquées. Ils faisaient partie de mon paysage intellectuel quotidien, mais je ne m'attendais pas à les retrouver ici, dans cette enceinte consacrée aux sciences sociales, à la philosophie et à la technique, entre deux citations de Simondon. Ce déplacement, cette résonance inattendue, m'avait frappé.

Et moi, j'étais là, à la fois amusé et intrigué, pris dans le tourbillon. Je ne savais pas encore que ce serait aussi notre dernière conversation, avec George Guille-Escuret et Bernard Stiegler, mais pas avec les autres membres du groupe. Il faut croire que Cerisy, avec ses graviers, ses allées, ses murs épais, a le chic pour envelopper les fins dans un silence élégant, presque cérémoniel.

Quand nous nous sommes dispersés vers nos pénates respectifs, nous n'emportions pas seulement des souvenirs. Un projet d'ouvrage nous accompagnait, encore flou mais vivant, porté par l'élan de ces discussions. À ma grande surprise, mon intervention – venue d'ailleurs, détonante, celle d'un physicien égaré parmi les spécialistes des techniques, des milieux et des systèmes symboliques – avait trouvé un écho inattendu. Les membres du

GIS-UTSH, l'Unité des Technologies et des Sciences de l'Homme, avaient non seulement accueilli mon analyse avec curiosité, mais l'avaient intégrée à un nouveau programme de recherche.

Il en sortira, dans un premier temps, un ouvrage collectif : « Prendre soin des milieux. Manuel de conception technologique » aux éditions Matériologiques sous la direction de Mathieu Triclot. Pour le faire advenir, il fallut organiser des retraites, convoquer des séminaires, plonger les idées dans le bain acide de la critique, vérifier leur tenue, leur élasticité, leur capacité à encaisser. On y fit passer en revue des figures étranges : zombies technologiques, techniques vivantes, métabolismes artificiels, planète vivante – tout un bestiaire conceptuel mis à l'épreuve du réel et du raisonnable. Mais aussi mis à l'épreuve de la critique issue des sciences humaines et de la pensée philosophique.

Cet ouvrage ne sera qu'un début, un premier jalon, une balise sur le chemin. Il trouvera sa place dans nos enseignements, ouvrant un nouveau front de réflexion pour les étudiantes et étudiants, appelés à penser autrement ce que veut dire concevoir. Et certains lieux – une abbaye, un centre de conférence, une ancienne ferme peut-être – garderont longtemps encore les résonances de nos débats, les éclats d'une quinzaine de voix, d'autrices et d'auteurs réunis autour de cette idée simple et vertigineuse : qu'il est temps de réapprendre à faire, mais radicalement autrement.

À l'invitation de Michel Dubois, je suis arrivé à Cerisy comme un mouton noir, une anomalie méthodologique, un physicien qui aurait pris un mauvais chemin et s'était retrouvé au milieu des sciences sociales. Je suis reparti avec une aventure nouvelle, des compagnons de pensée inattendus, précieux, et un collectif prêt à s'atteler, avec exigence et imagination, à la grande question des technologies vivantes.

Conclusion générale

La raison d'être du cinéma et de l'audiovisuel n'est pas remise en question par les professionnels ayant participé à l'étude, mais seulement son mode de fabrication. Parmi les observations conclusives qui résultent de l'enquête :

1. L'éco-production suppose de passer d'un tournage indifférent à son milieu à un tournage qui s'inscrit pleinement dans son environnement.
2. L'éco-production soutient et renforce des milieux économiques et sociaux émergents (ressourceries, prestation de déchets, cantines responsables, makerspaces[47], etc.).
3. L'éco-production est une démarche continue et réflexive de recherche et de création : est-on obligé de fabriquer toutes les images-sons dont les productions ont besoin ?

1 - Comment passer d'un tournage indifférent à son milieu à un tournage qui vient se réinscrire pleinement dans son milieu ? Intensifier les usages de milieux existants (infrastructures, décors…) mais sous-utilisés ou anticiper sur les usages futurs des décors que nous utilisons ?

Dans une optique de redirection et d'éco-production, les professionnels du cinéma et de l'audiovisuel se posent notamment la question de l'emploi, ou du sous-emploi, de certaines infrastructures qui peuvent faire alors l'objet d'une réaffectation, et permettre ainsi de limiter le gaspillage ou l'empreinte

[47] Un makerspace est un espace collectif équipé en outils, fournitures et autres ressources utiles pour faciliter les projets créatifs.

environnementale du tournage. L'un des professionnels interrogés explique : « Nous avons pu utiliser les chambres du Crous qui n'étaient pas occupées sur cette période de vacances universitaires, ainsi que le restaurant universitaire. » De la même manière, l'usage d'infrastructures pour les décors peut consister en un effort de rénovation et de réhabilitation d'un bâtiment, nourrissant des effets bénéfiques sur la durée du tournage, mais aussi sur la vie du bâtiment au terme du tournage, comme le raconte un éco-référent : « L'estaminet existait mais n'était pas praticable, donc on a amélioré la sûreté, on a rénové en style, avec un impact faible car on a utilisé l'endroit, et on a tellement bien rénové que l'endroit est visité tous les jours par du public car les propriétaires l'ont gardé comme tel. Ils font visiter notre décor. »

Dans un autre contexte, cette logique d'affectation et de réaffectation d'une infrastructure conçue dans et pour une temporalité longue semble importante : « En saison 2, le décor est plus ample qu'en saison 1, mais en fin de tournage la case devient aussi un lieu visité avec les politiques des quartiers de la ville ». Dans toutes ces trajectoires réflexives d'éco-production, c'est donc bel et bien l'anticipation et la conception des logiques d'affectation qui semble nécessaire en vue d'affectations et de réaffectations multiples au fil du temps, construisant la continuité des matérialités et leur circulation au long cours, comme l'explique très concrètement une directrice de production : « La cheffe déco construit de manière ensuite à déconstruire et à donner par exemple à des théâtres ». Avec l'éco-production, la profession s'interroge, fait preuve d'intelligence située, pour inventer de nouvelles conditions d'existence qui réinscrivent pleinement les matérialités d'un tournage dans une circularité, une continuité et un soin, où l'anticipation et la conception permettent de « faire avec le milieu existant » et travailler intelligemment à l'affectation et la réaffectation successive de ces matérialités.

2 - Comment l'éco-production peut-elle contribuer au développement de milieux économiques et sociaux émergents ? (ressourceries, prestation fin de déchets, makerspace, etc.)
Une autre question fondamentale que la profession se pose, dans une optique d'éco-production, concerne l'inscription économique et sociale des activités de production dans une économie plus large, en particulier du côté des économies sociales et solidaires, et des économies circulaires. Dans ce cadre, les équipes de production que nous avons rencontrées enquêtent, s'informent et multiplient leurs efforts et recherches pour construire des alliances

intelligentes et situées, avec des partenaires choisis, de bons prestataires et les milieux économiques et sociaux qui favorisent la circulation, le réemploi et la création de solutions au cas par cas, détail après détail, à la manière des peintures pointillistes : « La problématique n'est pas seulement le volume de production, mais surtout les modes de préparation, soigner le pré-tournage pour économiser en tout point. Le sourcing sur un tournage, petites touches par petites touches. Chercher en fonction, avec un peu de bouche-à-oreille. Chaque petite trouvaille, que l'on se transmet par bouche-à-oreille, comme l'existence de ressourceries en Bretagne, notamment à Rennes. »

Ces observations montrent l'importance du dynamisme et de l'implication des équipes dans des trajectoires d'enquêtes qui ne sont jamais garanties, mais supposent, en situation, de trouver les réponses à travers lesquelles composer une éco-production.

Le développement de l'éco-production favorise d'ores et déjà le développement d'offres et de prestations capables de répondre à de nouvelles priorités en matière de qualité, de considération environnementale, de localisation et de soin. Chaque tournage éco-produit participe en partie d'une transition pour l'espace socio-économique dans lequel il s'inscrit. L'éco-production conforte notamment les économies sociales et solidaires, comme par exemple des productions que vont réaliser les studios de tournage en relation avec des makerspaces. L'écologie d'un tournage n'est donc pas dissociable du tissu économique dans lequel ses activités matérielles s'inscrivent, dans la mesure où l'éco-production vise surtout à « promouvoir l'économie locale, être sympathique avec les gens avec lesquels on travaille » comme le remarque une interviewée.

Les producteurs impliqués dans une démarche d'éco-production privilégient le travail avec des fournisseurs eux-mêmes engagés. L'éco-production consiste le plus souvent à soigner la préparation, trouver le bon sourcing, « parler davantage avec les prestataires ». Pour beaucoup de professionnels qui se sont exprimés, plus de préparation permet en outre de « mettre en concurrence les prestataires sur le volet éco-production ». Plus de temps veut dire « plus de brainstorming pour prendre les bonnes décisions ». Pour certains, l'éco-production pourrait même « favoriser l'émergence ou la consolidation de nouvelles compétences-clés » chez les prestataires.

Tourner en éco-production induit aussi une réorientation des flux financiers guidée par le respect de critères qualitatifs. Cela concerne l'ensemble des personnes qui œuvrent, directement ou indirectement, à l'existence matérielle d'un tournage. De tels arbitrages se traduisent par le développement de nouvelles pratiques chez les fournisseurs qui ont compris dans quel sens se dirige le secteur. Cette transition est susceptible de stimuler la création d'entreprises nouvelles centrées sur des offres correspondant avec les exigences de l'éco-production.

L'éco-production permettrait alors d'investir durablement dans des compétences nouvelles, en infusant sur le reste de l'activité d'une ville ou d'une région : favoriser un certain type d'approvisionnement ou de prestations pour orienter l'économie dans une direction souhaitable.

Le développement d'une activité dans un domaine d'activité particulier pourra alors être proposé pour d'autres domaines. Ce dynamisme induit de nouveaux comportements pour l'industrie du cinéma et de l'audiovisuel, et plus largement, de nouveaux comportements chez les fournisseurs, qui seront ensuite capables de le proposer à d'autres clients. Cela donne lieu à un effet bénéfique d'induction des prestataires concernant l'ensemble du tissu économique et social associé.

3 - L'éco-production est une démarche continue et réflexive de recherche et de création. Est-on obligé de fabriquer toutes les images-sons dont les productions ont besoin ?

La plupart des professionnels interrogés dans le cadre de cette étude associent la démarche d'éco-production à une réflexion plus générale et plus systématique touchant à la nécessité de tourner certaines images-sons, ou de préférer ne pas les tourner. L'éco-production, dans sa forme la plus simple, mais aussi la plus profonde, consisterait alors à « ne pas surconsommer du temps de tournage et ne pas multiplier les prises » ou encore « être exemplaire dans notre façon de travailler, ne pas être dans la surconsommation du temps de tournage en faisant des prises, des prises et des prises, et la surconsommation de matériel ». L'un de nos interrogés observe par exemple : « trois prises pour un même plan, ça suffit ». Mais, explique-t-il, cela suppose aussi « d'avoir des réalisateurs qui savent ce qu'ils veulent ».

Lorsque ces questions sont posées de façon explicite, il apparaît que certaines images-sons et certains effets visuels ont un coût économique et environnemental important, possiblement excessif. C'est la raison pour laquelle la question de leur importance ou de leur nécessité se pose plus fortement.

En réponse à la question « qu'est-ce que l'éco-production dans votre cas », l'un de nos interrogés répond ainsi à brûle-pourpoint : « dans ce film, on n'a pas fait de cascades, pas de feu, pas de pluie ». Ces éléments indiquent que l'éco-production peut consister en un renoncement volontaire à produire certains effets visuels et à tourner certaines scènes, certaines images-sons, ou à se plier à des normes et des habitudes de la profession.

À rebours de certaines normes audiovisuelles ou de certaines habitudes, l'éco-production peut consister à simplement renoncer à de tels effets, comme en témoigne l'un des producteurs interrogés : « Il n'y a pas de routes mouillées dans mes films. Ça, c'est réglé, je leur ai dit ». Plus largement, ce sont souvent les plans de transition entre deux scènes, où se logent de nombreuses habitudes et de nombreux canons audiovisuels, qui font l'objet d'une réflexivité : « Un avion qui décolle dans cette scène, est-ce vraiment nécessaire ? » De la même manière, un autre professionnel remarque : « On n'est pas obligés de montrer une voiture à l'écran, ou de mâcher le travail au spectateur… Le spectateur peut reconstituer le fil et faire les transitions par lui-même ». Ces formes de réflexivité permettent de voir que l'éco-production concerne régulièrement des arbitrages relatifs à la nécessité ou non de fabriquer certaines images-sons.

Le secteur du cinéma et de l'audiovisuel en France s'est engagé dans une démarche de transition. L'implication de nombreuses structures dans le cadre de l'association Ecoprod a permis d'effectuer des avancées significatives. L'étude d'impact de l'éco-production fondée sur une enquête menée en 2023 sur 44 productions s'étant engagées dans une démarche de labellisation a permis d'identifier les leviers et les modalités de dynamiques de progrès très encourageantes, aussi les freins et les défis concernant leur généralisation et leur approfondissement. Sur cette base, le secteur doit se doter d'une vision plus précise de ce qu'implique l'éco-responsabilité dans la fabrication d'œuvres et de programmes audiovisuels.

Une telle vision est nécessaire pour réaliser la transformation réelle, effective et palpable, pour tous et pour chacun, des pratiques de travail, des manières de s'organiser ensemble, des attentions et des soins portés aux formes productives susceptibles d'atténuer le poids, matériel et environnemental, des tournages. Faire transitionner le monde des tournages et les productions du secteur cinéma et audiovisuel suppose de travailler à réencastrer cette économie dans des pratiques de durabilité, de réemploi, de circulation, incluant des choix, des renoncements et des logiques de sobriété, en vue de pratiques plus pertinentes, mieux préparées et mieux pensées.

Passer du récit à la pratique, de la forme tout court à la forme de vie, des engagements verbaux aux engagements en actes, des expériences de pensée aux expérimentations matérielles, telle semble être la vocation première de la démarche induite par Ecoprod, dont la vocation ne se réduit pas à être un outil de reporting ou un instrument de verdissement pour la profession, mais vise à accroître, guider et enrichir la réflexivité des différents métiers concernés par ces transitions, pour autoriser les professionnels à interroger la pertinence des choix réalisés à chaque étape d'un tournage. Des choix, des arbitrages, des abstentions et des inventions, des actions situées, priorisées et suffisamment anticipées.

Cela signifie qu'il s'agit simultanément d'accompagner le renouvellement des imaginaires à l'écran, ainsi que les imaginaires et réalités de la profession vis-à-vis de ses propres manières de travailler, de réfléchir, de se concerter, de s'organiser, de se rapporter au temps, aux espaces, et d'inventer le futur des tournages, de proche en proche, de la réflexivité aux actes, en passant par les épreuves de réalité que constituent les moments de tournage à proprement parler.

Accroître ce travail réflexif ne peut en outre être dissocié d'une réflexivité plus large, inscrite dans le temps long, c'est-à-dire une somme de tournages, où les efforts et les accomplissements réalisés à un moment précis sont susceptibles de favoriser des effets d'expérience, de fluidité, de connaissances et de facultés, d'habitudes et de savoir-faire.

Du fait de son histoire, indissociable des conditions d'abondance liées aux énergies activables de plus en plus aisément d'un tournage au suivant, fossiles, mais aussi d'une culture de la dépense et de l'excès, toute la matérialité du secteur génère depuis longtemps des formes de gaspillage, un traitement délétère des écosystèmes, des déplacements et des mobilités nombreuses, le transport et l'usage d'équipements lourds, sophistiqués, onéreux et consommateurs en énergie, des effets spéciaux et une présence humaine susceptibles d'abîmer les milieux.

Ainsi, le cinéma et l'audiovisuel n'occupent plus seulement une fonction pivot dans la production d'imaginaires alternatifs, mais se trouvent au centre des questions afférentes aux futurs de la production. Comment fabriquer des images et des sons différemment ? Quelles pratiques cultiver pour faire exister ces mondes, leurs économies et leurs savoirs, en allégeant leur empreinte ? Comment ce secteur se questionne-t-il et imagine-t-il son propre futur et sa pérennité dans un climat et un contexte qui a largement changé, du fait aussi de nos connaissances plus nombreuses, plus précises et mieux documentées en matière d'environnement ? Autant de questions auto-adressées à un secteur et dont certaines réponses ont été formulées dans le cadre de l'enquête qui alimente cet ouvrage.

Avec l'instauration au 1er janvier 2024 de l'éco-conditionnalité des aides du CNC, c'est une étape supplémentaire du processus qui a été franchie, participant de la nécessaire généralisation de la démarche. Depuis lors, le code du cinéma oblige chaque production en prises de vues réelles (films, séries, clips, publicités) sollicitant une aide financière du Centre national du cinéma et de l'image animée à lui fournir un bilan carbone prévisionnel, avant le tournage, et un bilan carbone définitif, une fois l'œuvre achevée. L'éco-conditionnalité des aides a ensuite été étendue aux œuvres numériques (le jeu vidéo et l'animation) au 1er mars 2025. Même si le dispositif n'allait pas jusqu'à exiger de réduire cet impact, chacun a bien compris que c'est l'objectif : les sociétés de production doivent s'inscrire dans une trajectoire leur permettant d'être plus vertueuses en jouant sur une large palette d'actions possibles : l'alimentation, les déchets, des costumes réutilisés, des décors recyclés, des lumières et des caméras ayant une meilleure efficacité énergétique, l'optimisation des lieux de tournage et la réduction du poids des transports, etc. L'œuvre audiovisuelle, ce n'est pas seulement le produit fini qui apparaît sur les écrans mais le produit d'une démarche qui doit relever également désormais d'un éco-accomplissement.

De la régie au récit ? L'éco-production comme circuit court de l'imaginaire climatique ?

Au terme de cette recherche, demeure l'épineuse question de l'éditorial. À la fin de chaque entretien était discuté le périmètre d'intervention de nos répondants quant aux séquences initiales d'une production, à savoir les phases d'écriture du scénario. Leurs réponses ont été très contrastées. Durant cette phase de discussion ouverte qui clôturait le questionnaire, le principe de la liberté de création a pu être invoqué comme un principe non incompatible avec la démarche d'éco-production, mais qui reste à délimiter et à phaser :

> « *C'est vrai que c'est compliqué, parce qu'on est dans une profession où les gens n'aiment pas trop être guidés dans leur invention. C'est plutôt dans la manière dont les activités productives ont lieu qu'il faudrait avancer et faire des efforts.* »

Cependant, la liberté de création, qui peut être défendue comme une valeur en soi par certains, sans être remise en cause radicalement par d'autres, peut se trouver discutée dans le cadre d'une activité collective de « relecture environnementale » qui tend à être expérimentée dans certains groupes de productions :

> « *Tous les projets devraient avoir des mesures mises en place sur l'éditorial. Je trouve très bien qu'il y ait une relecture avec une question de légitimité qui se pose. Mais en discutant avec les réalisateurs, c'est toujours difficile quand on touche à l'écriture !* »

Le périmètre d'action d'une démarche d'éco-production peut être amené à se trouver négociée, non pas tant dans la teneur de l'histoire, mais dans la séquence de réalisation même. L'appellation d'une « relecture environnementale » – que certains diffuseurs ont mise en place d'ores et déjà – semble faire rimer éco-production avec coercition. Cependant, ce n'est pas l'intention des personnes en charge de l'éco-production les plus réflexifs quant à l'extension de l'éco-production à l'écriture créative.

Entre la phase d'écriture du scénario et le temps de la réalisation, des choix de mise en scène restent ouverts quant à la matérialité même de la fabrication de l'imaginaire inscrit dans un récit. Comme son nom l'indique, réaliser consiste à concrétiser cet imaginaire dans des décors, des accessoires, en plus de l'incarner dans des corps et des costumes. Entre les mots d'un scénario et les choses d'un tournage, durant cette phase de mise à l'image et de rendu sonore, une fenêtre d'action peut être ouverte au travers de la démarche d'éco-production et donner un droit de regard aux personnes en charge de l'éco-production, droit de regard à ne pas confondre avec un droit de censure. La question se pose surtout en termes de degrés et de modalités d'influence des différentes parties prenantes dans un processus de production par nature multi-dimensionnel.

> *« Moi, ce que je souhaiterais sur mes prochains projets : avoir une discussion sur le scénario avec les chefs de postes, dans le choix des décors, les placements de produits et dans les images véhiculées. Et on parlait : le personnage principal il avait un quad, mais est-ce qu'il ne pourrait pas avoir un vélo électrique ? C'est se dire, là il y a une scène d'un avion qui décolle, est-ce que c'est vraiment nécessaire ? Ça c'est mon rôle, c'est là où je peux influer. »*

Si certains réalisateurs revendiquent depuis la politique des auteurs[48] la liberté d'écrire le film sur le plateau de tournage en embarquant moyens humains et ressources techniques dans leur aventure créative, le film achevé ne constitue que l'une des actualisations possibles de tous les projets possibles advenant de différents choix de mise en scène entre sélections et mises au rebut d'idées, d'images-sons, de situations, et ce dans le cadre d'un travail collectif[49]. L'évaluation de l'empreinte matérielle de tels ou tels choix de mise en scène pourrait dès lors à terme être retenue collectivement comme critère de la

---

[48] Cf. Antoine de Bæque, *La politique des auteurs*, 2001. Cette politique des auteurs définit l'action des cinéastes de la Nouvelle Vague (Jean-Luc Godard, François Truffaut, Eric Rohmer, Jacques Rivette, notamment) pour une reconnaissance des réalisateurs comme des auteurs à part entière.

[49] Cette dimension d'œuvre collective au plan des modalités matérielles de production est toujours à rappeler comme l'a démontré Howard Becker, *Les Mondes de l'art*, Flammarion, 1985.

décision artistique. Ce critère de « l'aberration environnementale » parfois utilisé dans des réunions éditoriales de lecture de scénario est ainsi décrit par l'un des répondants :

> « *En réunion éditoriale de lecture, on avait ça en tête en permanence, il y a une énorme scène avec un container qui se renversait, qu'on a décidé de ne pas faire, parce que ça coûte cher, c'est pas bien au plan environnemental. On a fait très peu d'effets visuels physiques, on a essayé d'avoir un maximum de bon sens, pas faire de trucs aberrants par rapport au propos qu'on avait sur le film. Il n'y a pas eu d'aberrations.* »

Réaliser autrement compte tenu de l'empreinte matérielle peut consister également à ne pas produire des images-sons nouvelles mais de redonner vie à d'autres images-sons. Faire du neuf et non pas du nouveau, comme le suggère un professionnel en charge de l'éco-production, peut constituer une option possible :

> « *J'irais pas brider tant sur l'éditorial ou le scénario que d'exiger des objectifs d'éco-production plus serrés et plus exigeants. On peut réutiliser plein de choses, dans des stocks d'images, on n'est pas obligé de réinventer la roue à chaque fois, on n'est pas toujours obligé de retourner les choses, à chaque fois. Je ne mettrais pas plus de choses sur l'éditorial, je pense qu'il faut brider à un autre endroit.* »

Différents degrés d'intervention au plan de l'éditorial nous ont été narrés par les personnes à un poste en éco-production rencontrés lors de cette enquête. Ces interventions peuvent prendre place durant le stade préparatoire au tournage, entre le temps du dépouillement du scénario, le moment du découpage et du plan de travail, et peuvent impliquer un renoncement à certaines scènes environnementalement impactantes. Elles peuvent également consister en une influence raisonnée exercée sur les clichés de mise en scène irréfléchis reproduits à longueur de cinématographies depuis des générations qui réifient des modes de vie carbonés et carnés comme un allant de soi universel.

Changer les mondes représentés à l'écran ne présuppose pas littéralement de raconter des éco-fictions – des histoires aux thématiques écologiques[50] – mais nécessite, afin de faire « atterrir » (Bruno Latour) la production audiovisuelle, en faisant de sorte de produire autrement comme nous venons de le

---

[50] Delon Gaspard, Hewison Charlie, Pantet Aymeric, 2023, « Écocritiques. Cinéma, audiovisuel, arts », *Cahier Textuel*, Hermann.

décrire dans tout l'ouvrage, mais également en s'attachant à figurer d'autres formes de vie plus soutenables en privilégiant, par exemple, le vélo plutôt qu'un quad dans un plan de coupe ou une séquence de mobilité.

Bruno Latour dans son livre *Où atterrir* (2017) avait inventé cette image de la liste des interdépendances qui permettrait aux habitants terrestres de « de lister de combien d'autres êtres ils ont besoin pour subsister » pour dessiner un terrain de vie non plus hors sol et outrepassant les limites planétaires. Il semble déjà praticable lors des phases de dépouillement du scénario, lors de la mise en liste, département technique par département technique, les matériaux et artefacts nécessaires à la mise en scène des mots d'un scénario, que cette liste de choses demeure soutenable au plan environnemental. Cette réflexivité dans la phase de listage effectué lors du dépouillement du scénario fait partie intégrante de l'enquête ouverte sur les pratiques de production que représente une production :

> « *C'est en dressant cette liste que les terrestres dessinent leur terrain de vie. […] la liste des agissants s'allonge ; leurs intérêts se superposent ; il faut toutes les puissances de l'enquête pour commencer à s'y repérer.* »[51]

De façon plus anecdotique et comme illustration des asymétries d'éco-responsabilité pointées dans la première partie, au sein d'un collectif de production, des actions plus discrètes nous ont été décrites, qui viennent avec tact et humour discréditer l'impensé écologique de certaines productions :

> « *Le scénario, qui est un film de procès, ne se prêtait pas à la mise en scène d'une responsabilité éco environnementale, mais un petit détail : la partie défense buvait dans des gourdes et la partie adverse dans des bouteilles en plastique. C'était discret.* »

Nous n'avons abordé dans cette ouverture la problématique des interactions entre éco-production et imaginaire qu'au travers de l'activité narrée des personnes en charge de l'éco-production qui vivent des situations de tournage parfois éloignées de leur conviction au plan même de la teneur de ce qui est raconté et de l'imaginaire qui en résulte. C'est d'ailleurs la vocation même du Label Ecoprod que d'écologiser la chaîne de production audiovisuelle dans son ensemble sans contraindre par avance la nature des récits et ne pas cantonner l'imaginaire éco-produit dans le cadre de films à la thématique « écologique ».

---

[51] Bruno Latour, *Où atterrir. Comment s'orienter en politique*, La Découverte, 2017, p. 111.

C'est cependant un débat qui existe bel et bien entre les tenants de l'éco-fiction comme thématique et les artisans de l'éco-production comme pratique.

Ce questionnement sur les interactions entre éco-production et écriture s'inscrit de façon plus générale dans le mouvement observable de délégation d'une partie de la mobilisation écologique à des formes narratives. Un genre serait même advenu de cette rencontre entre fictions et crise écologique, la *cli-fi*, comme l'explique la chercheuse en littérature Irène Langlet :

> « La crise du climat n'est pas une hypothèse. Elle a déjà ses événements (les canicules, les ouragans, les incendies géants de Sibérie, de Californie, d'Australie) ; elle a ses organes scientifiques (le GIEC, ou IPCC), ses sommets politiques (les COP), son héroïne (Greta Thunberg), ses luttes (les grèves scolaires ou « Fridays for Future », les marches pour le climat). Elle a aussi sa palette lexicale : faut-il parler de crise ? de réchauffement ? de changement ? de dérèglement ? de bouleversement climatique ? Et elle a peut-être même déjà son genre littéraire et médiatique : la fiction climatique ou *cli-fi*. Cela peut aller de la fiction post-apocalyptique au roman-catastrophe, du thriller scientifique à la science-fiction pure et dure ; mais on y trouve aussi des polars, des romans noirs, des romans sentimentaux... Cette apparente dispersion des registres et des sous-genres ne décourage nullement la conviction des promoteurs de la *cli-fi* : pour eux, c'est le signe, au contraire, tout au long du XXe siècle, d'une lente convergence de divers régimes littéraires et narratifs vers la réalité actuelle »[52].

En synthèse de ce débat entre les tenants des nouveaux imaginaires et les travailleurs des nouvelles matérialités, il semble que cela ne soit pas tant l'histoire à raconter qu'il importe de changer explicitement, mais le monde représenté à l'écran dans lequel se trouve racontée une histoire, et par conséquent la vision du monde qui y est exprimée. Ainsi comme y incite l'artiste brésilien Ailton Krenak :

> « *la seule façon de produire la vie face à ce monde en érosion, c'est d'habiter d'autres cosmovisions.* »[53]

La démarche d'éco-production s'ancre désormais dans un territoire créatif à considérer comme un continuum, qui va de la matérialité d'une production à la matérialisation d'un monde que performent les images-sons et qui donne lieu aux puissances de l'imagination.

---

[52] Irène Langlet, « Cli-fi & Sci-fi. Littératures de genre et crise climatique » dans *La vie des idées*, 7 juillet 2020. Et, parmi les pionniers de ce genre, citons Kim Stanley Robinson, *Le ministère du futur*, Bragelonne SF, 2023 ; Amitav Ghosh, *Le Grand dérangement*, Wildproject, 2021.

[53] Ailton Krenak, *Idées pour retarder la fin du monde*, Éditions du Dehors, 2022.

Une dynamique expérimentale et pionnière devenue cadre de référence

Pervenche Beurier, Co-fondatrice et Déléguée Générale de l'association Ecoprod

Depuis le lancement de cette étude en 2023, Ecoprod, l'association de référence qui accompagne la transition environnementale du secteur audiovisuel, a connu un fort développement. Elle a franchi le seuil des 450 structures adhérentes. Son calculateur carbone, Carbon'Clap, mis à jour en 2023, a permis de réaliser plus de 10 000 bilans carbone en deux ans et recense 5 500 utilisateurs dans plus de 63 pays différents. En seulement un an, plus de 120 productions ont été labellisées et bon nombre de grands groupes de l'audiovisuel utilisent le Label Ecoprod pour structurer leur stratégie d'éco-production[54]. L'étude d'impact présentée ici intervient donc à une période charnière dans le développement d'Ecoprod.

Entre 2023 et 2025, la dynamique associative a permis de poser les jalons d'une stratégie plus large, articulant innovation, concertation et structuration des métiers. C'est la consolidation d'un élan collectif initié depuis plus de quinze ans, mais qui a pris ces deux dernières années une nouvelle dimension. À l'origine expérimental, le travail mené autour du Label Ecoprod a permis d'ouvrir une voie vers une institutionnalisation plus large des enjeux écologiques dans le secteur audiovisuel. C'est un processus qu'on avait déjà pu voir à l'œuvre : le Carbon'Clap créé en 2010 par les pionniers de l'éco-production

[54] Ecoprod, Rapport Carbon'Clap et Label Ecoprod, Chiffres clés de 2024 : https://ecoprod.com/chiffres-cles-carbonclap-et-label-ecoprod/

au sein du jeune collectif Ecoprod a été « homologué » en 2023 par le CNC qui conditionne désormais ses subventions à la présentation d'un bilan carbone.

Du Label Ecoprod à la norme nationale : une reconnaissance progressive

En 2023, grâce au soutien de l'ADEME et d'Afnor Certification, le Label Ecoprod entamait sa phase test : il s'agissait alors de définir les contours opérationnels d'un audit, d'en expérimenter la faisabilité sur le terrain, et d'en évaluer les effets. Cette démarche, volontaire, exigeante et co-construite, a rapidement montré son utilité. Les professionnels s'en sont saisi avec enthousiasme, témoignant de la pertinence de cette initiative pour structurer un secteur en transition.

Ce qui, en 2023, relevait encore de la démarche pionnière, s'est transformé, en 2025, en cadre normatif : le référentiel AFNOR SPEC, porté par le CNC et le ministère de la Culture (DGMIC), comprend nombre des éléments initiaux du Label. Ce cadre normatif, fruit d'une concertation avec plus de 130 professionnels à laquelle Ecoprod a pris part, adopte une logique plus institutionnelle, parfois plus consensuelle – celle du socle commun. Cette transition marque une étape cruciale : la reconnaissance officielle d'un référentiel d'éco-production national.

C'est là une réussite méthodologique pour Ecoprod et son Label : la montée en puissance d'un référentiel issu du terrain pour parvenir à s'imposer dans l'univers exigeant de la normalisation publique. Ce Label Ecoprod a aussi bénéficié d'expertises très pointues : l'ADEME, Afnor Certification, divers cabinets et associations environnementales, mais aussi les chercheurs universitaires qui ont accepté de mener la présente étude prospective. Son but était précisément d'évaluer quels pourraient être les impacts du déploiement du Label Ecoprod afin de pouvoir les anticiper, les accompagner, pousser des politiques éclairées sur ce sujet et bien sûr, procéder à des ajustements si certains critères s'avéraient inefficaces, pas assez ambitieux ou avec des effets pervers (effets rebonds).

Les conditions : un écosystème vivant, structurant et structuré

Aucune action ne peut résonner, aucun outil ne peut se déployer et aucune norme ne peut être implémentée sans l'impulsion, l'engagement et le soutien des acteurs du secteur.

Le déploiement sur le terrain des référentiels d'éco-production implique au moins trois conditions interdépendantes : une acceptation des professionnels, une faisabilité technique/financière/logistique et un appui, voire une volonté ferme, des donneurs d'ordre. Ces trois dimensions sont interdépendantes et sont tributaires de la qualité de l'écosystème qui s'est construit au sein du secteur autour des enjeux d'éco-production. Le déploiement des critères du Label (et de l'Afnor Spec) sur le terrain n'aurait pu aboutir sans un dialogue constant avec les technicien·ne·s, les producteurs, les diffuseurs, les industries techniques, les financeurs, les institutions, les expert·e·s environnementaux, les universitaires. Ce réseau coopératif, cette fabrique collective de solutions, a permis de tester, ajuster, corriger, affiner les outils d'éco-production pour réunir les conditions nécessaires à leur déploiement, tant au niveau du terrain qu'au niveau plus structurant des grands groupes. Des acteurs majeurs, et particulièrement les principaux diffuseurs et producteurs, citent aujourd'hui le Label Ecoprod dans leurs cahiers des charges et y adossent leur stratégie d'éco-production.

Il ne s'agit pas seulement d'un outil technique, mais bien d'un signal symbolique et opérationnel, d'une marque de confiance entre professionnels.

Vers la reconnaissance d'un métier : coordinateur·rice d'éco-production

La présente étude souligne bien l'importance de l'écosystème qui s'est constitué autour des enjeux d'éco-production. Les universitaires chercheurs qui ont mené cette étude en ont d'ailleurs bénéficié : ils se sont nourris de cet écosystème (les retours par les professionnels de leur application sur les tournages des critères du Label) et inversement cet écosystème s'est renforcé grâce à leur recherche. En effet, ils ont analysé le rôle des coordinateurs et coordinatrices d'éco-production au moment où on assiste à l'émergence de cette fonction. Il s'agit d'une autre avancée majeure dans la dynamique de structuration de l'éco-production : la reconnaissance d'un nouveau métier. En 2023, ce rôle, bien que souvent exercé, n'était pas officiellement identifié. En 2025, il trouve un ancrage nouveau avec la création d'une association professionnelle, l'Association des Coordinateurs et Coordinatrices d'Éco-Productions pour la Transition Environnementale (ACCEPTE). En parallèle, la CPNEF de l'Audiovisuel entame une concertation pour évaluer la pertinence d'un certificat de qualification professionnelle (CQP) dédié.

Il s'agit là d'un tournant : la reconnaissance d'un métier, c'est la reconnaissance d'un besoin structurel. C'est aussi l'indice que la transition ne peut reposer sur de simples engagements ponctuels, mais sur des compétences, des statuts, des responsabilités nouvelles. L'étude a bien montré combien ces fonctions, déjà effectives, nécessitaient d'être consolidées.

Prolonger l'élan, amplifier l'impact

Ecoprod se distingue par sa grande proximité avec les professionnels qui l'ont créée et qui l'animent. La nature associative d'Ecoprod, libre dans ses choix, la rend capable de répondre aux évolutions et attentes du secteur. Cette souplesse, cette capacité à maintenir un espace d'expérimentation, est précieuse dans un contexte où il faut être ambitieux tant l'urgence environnementale est grande, mais aussi embarquer largement.

L'association porte divers chantiers aujourd'hui : outre la mise à jour des ressources existantes (Label compris) dans un souci d'amélioration continue, on peut souligner par exemple la création d'un score de maturité RSE pour les entreprises du secteur audiovisuel : un outil complémentaire au Label, pensé pour valoriser une démarche au niveau de la structure, et non plus film par film. Là encore, il s'agit d'une demande venue du terrain, issue d'un besoin partagé par les petites structures et les grands groupes, à laquelle répond Ecoprod.

Vers une vraie éco-conditionnalité ? Contrainte et récompense

Bien que des avancées significatives aient été réalisées, l'éco-conditionnalité des aides publiques reste à confirmer. À partir de 2024, le CNC a exigé la présentation d'un bilan carbone pour l'attribution des subventions, mais sans conditionner l'aide à la performance environnementale du projet. Une véritable éco-conditionnalité permettrait d'aller plus loin.

Outre la contrainte, il est aussi possible d'utiliser différentes formes d'encouragement et de gratification : c'est l'esprit de ce que pratique Ecoprod, avec son prix remis à Cannes et le Label Ecoprod qui permettent de valoriser, de récompenser et de mobiliser par une dynamique d'exemplarité. On le voit bien dans la façon dont les diffuseurs et grands groupes s'en sont emparés.

Mais Ecoprod expérimente aussi en 2025 un levier financier en partenariat avec divers financeurs du cinéma dont Cofiloisirs qui met à disposition une enveloppe pour récompenser les projets les mieux notés au Label. Une façon d'ancrer la transition dans la durée, d'en faire une opportunité de développement.

Les politiques publiques, notamment celles portées par le CNC, ont aussi annoncé mettre en place des mesures d'incitation financière récompensant les productions éco-produites. C'est une avancée majeure : il y a fort à parier que ce nouveau levier financier va être puissant en termes de mobilisation des professionnels et des sociétés du secteur. L'éco-bonus de la Région Ile-de-France avait déjà fait date, mais une politique nationale change la perception de l'éco-production : d'une nécessité pour la pérennité de long terme du secteur, elle devient une opportunité stratégique immédiate.

Ecoprod, un acteur durable d'une transformation collective

L'approche d'Ecoprod – fondée sur le collectif, l'expérimentation, la concertation et la recherche – a permis des avancées concrètes, structurelles et désormais visibles. Le Label Ecoprod n'est qu'un des leviers d'action. Mais l'histoire de son déploiement, et de son institutionnalisation, très similaire à l'histoire du calculateur carbone Carbon'Clap, est un signal très positif qui pousse l'association Ecoprod et l'écosystème qu'elle mobilise à définir et porter de nouveaux chantiers.

Eco-production initiatives in the film and audiovisual sector: socio-organizational, economic, and environmental impacts

Eco-production, far from being merely an additional technical constraint imposed on the audiovisual sector, is driving a systemic transformation that is redefining the very conditions of film and audiovisual creation. In France, since January 2024, the eco-conditionality of subsidies from the National Center for Cinema and the Moving Image (CNC) has marked a major regulatory shift that places ecological transition at the heart of public policies supporting creation. This measure, which makes public funding conditional on the implementation of eco-responsible practices, could be perceived as yet another administrative obligation weighing on a sector already facing multiple structural transformations. However, an in-depth observation of 44 productions that have experimented with the Ecoprod Label reveals a much more complex and promising reality: that of a profound change impacting all aspects of the audiovisual industry.

The Ecoprod Label scheme launched in September 2023 structures this transformation around a grid of 80 concrete actions to be implemented in the process of producing an audiovisual work. The productions studied, which were part of the Label's pilot phase, provide a privileged field of observation for analyzing the organizational, economic, and environmental impacts of this approach. The corpus, made up mainly of fiction but including a variety of formats and genres, enables us to grasp the systemic nature of the transformations at work. Of the 44 productions analyzed during 2023, 37 (or 84 %) obtained a score of over 65 % in the Ecoprod Label, demonstrating a robust commitment to the approach that goes beyond mere formal compliance with regulatory obligations. This widespread adoption reveals that eco-production meets deep-seated expectations that have been driving the sector for several years, far beyond institutional constraints alone.

Systematic analysis of these experiments reveals that the transformation underway is structured around five interdependent dimensions that progress from local experimentation to questioning the very foundations of the sector. Far from being independent phenomena, these dimensions form a coherent system that outlines a profound ecological shift in the audiovisual industry. Each of these dimensions involves transformations that simultaneously affect professional practices, organizational structures, economic models, and the imaginaries that guide creation.

The re-embedding of film shoots in their production environments is the first dimension of this systemic transformation. This dynamic reverses the traditional autarkic logic of film shoots, replacing what professionals themselves refer to as the "traveling circus" – recurring metaphor in interviews to describe the massive and temporary arrival of teams from outside the shooting location – with a terrestrial integration that mobilizes local resources and forges lasting alliances with the economic and social actors of the filming locations. This transformation goes far beyond simple logistical optimization to redefine the relationship between audiovisual creation and its location, replacing nature exploitation with a mutually beneficial logic of cooperation.

However, this ecological transformation cannot take place without exposing and overcoming a structural continuum between social violence and environmental damage. Socio-organizational analysis reveals that productions that mistreat their crews are systematically those that degrade their filming environments, empirically validating Félix Guattari's hypothesis on the articulation of the three ecologies – mental, social, and environmental. As one of the professionals interviewed, with decades of experience, put it: "I've seen some crazy things … a guy shooting a gun and whipping a tiger … We couldn't do that today." This statement reflects the gradual awareness of an industry confronted with its own excesses, where animal abuse appears to be the most visible symptom of a professional culture that has long normalized various forms of abuse in the name of creative imperatives.

This dual ecological[55] and social transformation is reflected economically in the gradual accumulation of "material capital." Contrary to popular belief

[55] The term "ecological" refers to anything related to the interactions between living organisms and their environment. In this book, the analysis mainly focuses on the efforts and practices that are sustainable and reduce harm to nature. The ecological footprint measures the environmental impact of human activities.

that eco-production inevitably entails additional costs, its practice generates sustainable savings through the creation of reusable stocks of sets, costumes, and technical equipment. This approach radically transforms the very design of production elements: sets become modular and removable, costumes are designed for multiple uses, and technical structures favor standardization to enable reuse. A production manager testifies to this change: "We realized that by building up a permanent stock of modular sets, we could reduce our purchases by 70 %. It's an initial investment, but one that pays for itself on all subsequent productions." This economic transformation reveals how eco-production is driving the shift from a linear economy of consumption and destruction to a circular economy of material resources.

Recognition of this materiality necessarily leads to the development of indicators capable of capturing dimensions that are not considered in the exclusively carbon-based approach. The concept of "filming weight" is emerging as an alternative methodology for measuring environmental footprints. This approach consists of establishing an exhaustive inventory of the material flows mobilized by a production, from the acquisition of new materials to their fate after filming. Experiments conducted reveal tonnages ranging from 12 to 87 tons depending on the scale of the projects, with impacts in terms of mining extractivism, gray energy[56], and damage to biodiversity that far exceed what is revealed by the carbon footprint alone. This methodology paves the way for "material sufficiency" – a neologism proposed to designate the process of stabilizing shooting weight[57] through the systematic circulation and reuse of resources.

---

[56] Gray energy is the amount of energy consumed during the life cycle of a material or product: extraction, processing, manufacturing, production, transportation, implementation, maintenance, and finally recycling, excluding use. Grey energy is in fact hidden, indirect energy, which differs from energy related to use.

[57] The question of how to manage the weight of materials used in a shoot relates to the more general question of how to ensure that the total mass of materials extracted, transformed and reintroduced into the environment remains stable over time. The aim is to ensure that the production process does not create an additional ecological imbalance by generating more waste or withdrawals than ecosystems can absorb or renew. In sustainable agricultural systems, for example, this could mean that the biomass produced (crops, livestock, etc.) does not exceed what the soil can sustain over the long term without becoming exhausted. It's a logic close to that of the circular economy, where materials are recycled to avoid excess and destruction.

These transformations – social, economic, and metrological – ultimately converge on the identification of two structural aporias that reveal the limits of a purely technical approach to ecological transition. The first concerns the paradox of eco-producing content that, in its narrative universe, promotes unsustainable lifestyles. How can we justify the efforts made to reduce the material footprint of a film shoot if the film produced celebrates unbridled consumption or normalizes predatory relationships with the environment? The second aporia, even more fundamental, questions the sustainability of a constantly growing volume of production in a world with finite resources. The exponential growth of content, stimulated by the proliferation of streaming platforms, is in direct contradiction with the imperatives of material sobriety. Far from being insurmountable obstacles, these aporias reveal that eco-production is a laboratory for a deeper ecological reorientation that questions the material conditions of existence of the audiovisual sector.

This book is organized according to a progression that combines empirical analysis and theorization. In the first socio-organizational part, we examine the continuum of violence as an expression of structural resistance to ecological transformation, analyzing in particular the emergence of the position of eco-referent, in its exploratory and potentially conflictual dimensions, and the forms of stigmatization that sometimes accompany this new function. We explore ecological re-embedding as a dynamic of reconnection between audiovisual production and local communities, documenting the transformations in supply practices and the emergence of new productive temporalities. The second socio-economically part analyzes the constitution of materiality capital as an investment in sustainability, demonstrating how material circularity is transforming the economics of film production. The third socio-environmental part develops the methodology of weighing film shoots and its implications for a broader approach to environmental footprints. In conclusion, we examine the aporias of the narrative paradox and production volume as revealing the limits of the technical approach. And we explore the prospects for systemic redirection opened up by these experiments. The conclusion summarizes the articulation of these interdependent transformations and their implications for the future of the sector.

The issue thus goes far beyond the evaluation of a regulatory framework to question the conditions for the possibility of an audiovisual industry that respects planetary boundaries. This book documents how, through the concrete experimentation of committed professionals, the practices, tools, and imaginaries of sustainable creation are being invented. From terrestrial re-embedding to material weighing, from overcoming violence to sustainable investment, from narrative paradox to the question of volume, eco-production traces a path of transformation that simultaneously engages the technical, organizational, economic, and symbolic dimensions of audiovisual activity. This systemic transformation, still in its infancy but already rich in lessons, is shaping the contours of a sector capable not only of reducing its negative impacts but also of actively contributing to the emergence of new narratives and new practices necessary for inhabiting the world differently.

1. Socio-organization of an eco-production

The socio-organizational analysis of the emergence of the "eco-manager" function is a privileged entry point for understanding why eco-production cannot be reduced to a technical issue. The survey conducted for this book reveals that 66 % of people in these roles are women, with an average age of 36, who are often confronted with forms of stigmatization that combine sexism, ageism, and ecological denial. This gender distribution is not accidental: it is part of the history of a sector that has established itself as "a world within a world", using the rest of the world as a landscape available for producing images and sounds, without imposing a logic of reciprocity on the environments where this takes place. This productive self-sufficiency has shaped specific social relationships in which questioning environmental practices necessarily touches on established power structures.

The testimonies collected document the acrimony the resistance encountered provoked: "Who is this bitch with her eco-friendly ideas! We've always done it this way, and we'll continue to do it this way." This hostility reveals that the eco-manager function embodies a figure of transformation that is disturbing precisely because it simultaneously questions the relationships of domination and material privileges that are part of the organization of film shoots. Another testimony illustrates this point: "When girls police what you can and can't eat, it quickly becomes unbearable and intolerable." The words used – "feminazis," "young vegans" – resonate strongly and reflect the symbolically harsh nature of the archetypes forged in the context of workplace interactions that are simultaneously sexist, ageist, and anti-environmentalist.

1.1. The continuum of violence as a marker of structural resistance

The analysis highlights a phenomenon of asymmetry in eco-responsibility that reproduces and intensifies pre-existing gender inequalities. This gendered representation refers to the social division of labor imposed on women throughout the history of the patriarchal economy. The tasks of eco-referencing consist in part of "menial tasks that need to be ennobled," as expressed by a person in an eco-production position who, as a man, experiences what all women experience in terms of the devaluation of these activities due to their historical association with household chores.

As sociologist Geneviève Pruvost points out, the division between the reproductive and productive spheres has been accompanied by a specialization of women in domestic work and a reclassification of these tasks as drudgery. It is interesting to observe today that a contemporary archipelago of practices and experiences of "subsistence feminism" is re-inscribing domestic work into the economy of material production of basic necessities. The regulated recognition of this set of material tasks, associated with waste, which constitute part of the activity of people in eco-production jobs, introduces a reversal of shop floor values and, consequently, gender values within an industrial-type economy.

This reversal generates particularly revealing crises of legitimacy, as this professional testifies: "When I see that the sorting is done poorly and so I find myself physically sorting through the trash … me, who is over 50 years old … the teams see me sorting through the trash … what legitimacy do I have, especially to speak up?" The assignment of subsistence tasks historically devolved to women reveals that eco-production touches on the heart of the sector's symbolic hierarchies, which explains the intensity of the resistance encountered.

This resistance and these forms of stigmatization are not isolated phenomena but are part of a broader continuum that links social and environmental violence. The circulation of these stereotypical archetypes echoes the stigmatizing media representations of young women mobilized for ecology, of whom Greta Thunberg remains the emblematic figure, accumulating violence related to gender, age, and ecological commitment.

This reality is reflected in the daily lives of eco-representatives. As one of them notes, it is "difficult to fight all battles at once: harassment, eco-production, etc." This observation echoes the poignant testimony of another professional: "A young woman in charge of eco-production called me the other day in tears, and I told her there was a harassment officer." The parallel is not coincidental, as one professional points out: "There are no penalties for eco-production at the moment, unlike harassment, which is punishable by law."

This legal asymmetry reveals that these struggles are part of the same approach of an ecology of multispecific interactions, empirically validating Félix Guattari's proposal on the articulation of the three ecologies – mental, social, and environmental. The continuum manifests itself concretely in filming practices where disrespect for people systematically accompanies indifference to the environment. Testimonials establish a direct correlation between productions that mistreat their crews and those that damage their filming environments: "One thing that has always shocked me is crews who allow themselves to do whatever they want on set. Respecting the environment in which we work also means respecting the human and social environment."

This structural connection between social and environmental violence reveals why eco-production necessarily involves a profound transformation of social relations, rather than a simple technical adaptation. One professional puts it forcefully: "Eco-production is common sense, I shouldn't have to explain it. It's not politics, it's an intimate dimension, a relationship with the world. Respecting the environment means respecting others."

The convergence reveals that indifference to the environment and disrespect for people stem from the same extractive logic that considers ecological environment and individuals as resources available for production. However, the eco-production approach is explicitly a transformative mobilization: "There is something of a pioneering spirit in this approach, and it is the beginning of a small movement that may become large. We must not be intimidated by any kind of violence: we must not be condescended to, we must not tolerate criticism based on smugness or laziness ... we must demand respect!"

This growing awareness of ecological issues is revolutionizing the statutory and symbolic hierarchies within the sector. This new paradigm seems to promote equal treatment and an end to privileges between technical and artistic team members in favor of renewed solidarity. Some describe this transformation as the end of the "Middle Ages" in filmmaking: "Filming is like the Middle Ages ... the social relations are horrible." The organizational structure of a successful eco-production can thus be defined as a collective arrangement that confers equally distributed capacities for ecological action, transcending the internal socio-professional hierarchies specific to the sector.

The transformation of social relations is therefore a prerequisite for ecological re-embedding, as integration into local communities requires reciprocal relationships that are incompatible with traditional hierarchies. The continuum of sexist, ageist, and anti-ecological symbolic violence reported by people working in eco-production reflects, in a negative way, the scope of the eco-production approach, which involves three intertwined ecological dimensions: mental ecology, social ecology, and environmental ecology.

1.2. Reembedding film shoots in their environments

Eco-production transforms the relationship between film crews and their physical and social environments by implementing what the study conceptualizes as a "reembedding" in production environments. This transformation simultaneously involves a reconfiguration of economic relations, a reinvention of professional practices, and a new terrestrial inscription of production activities that reveals the material conditions necessary for the constitution of a sustainable audiovisual economy.

The professionals interviewed describe the traditional model as that of a "traveling circus" or a "itinerant fairground" that moves around without consideration for the environments it passes through. This metaphor reflects a specific organizational reality: audiovisual production has historically been constituted as "a world within a world," using the rest of the world as a landscape available for the manufacture of images and sounds, without respecting reciprocity with regard to the environments where this takes place. This self-sufficient logic is based on material abundance, allowing the desired conditions to be artificially recreated, transforming filming locations into simple interchangeable sets, regardless of the local context and its own resources.

The survey reveals how this model is rooted in a culture of spending where "the impression that anything is possible" prevailed and where teams were addicted to brands[58]. This abundance allowed teams to completely abstract

[58] When it comes to improving the food products consumed during a shoot, by choosing products that have been produced and distributed in a more eco-responsible way, we find that many professionals, even among those who have agreed in principle to the approach, seem to have great difficulty doing without brand-name products such as Coca Cola soft drinks, Nutella spreads or Haribo sweets. There is a form of dependence, which may stem both from the physiological dependence on sugar and the regressive dimension of consuming such products.

themselves from ecological constraints and reproduce the same consumption standards everywhere. However, recent economic changes have gradually eroded this logic, forcing a rethinking of priorities that paradoxically opens up space to rethink the terrestrial integration of film shoots.

Eco-production reverses this logic by forcing crews to work with locally available resources and anticipate the potential harm of their activities to the territory. The 44 productions studied, characterized by a strong commitment to eco-responsibility, demonstrate a reverse logic, that of actively re-engaging with local economies through the systematic use of resource centers, waste management providers, and responsible canteens. This approach transforms the use of existing infrastructure and sets in motion what the survey reveals to be a path of ongoing investigation: "The issue is not only the volume of production, but above all the methods of preparation, taking care of pre-shooting to save in all areas: work on the eco-friendliness of the supply process, gradually, step by step. Every little find, passed on by word of mouth, such as the existence of resource centers in Brittany, particularly in Rennes."

These observations reveal the importance of the dynamism and involvement of teams in investigative trajectories that are never guaranteed, but which require, in each situation, finding the answers that will enable eco-production. Re-embedding is not limited to the application of pre-established protocols, but involves a situated intelligence that reinvents the conditions of existence of film shoots by drawing on the specific resources of each ecological environment.

This transformation in practices of supply process reveals how eco-production is becoming the driving force behind the intensification of emerging economic and social environments. The economic and social integration of production activities into the wider economy, particularly in terms of social and solidarity economies, and circular economies, is transforming the landscape of professional partnerships. Production teams are stepping up their efforts and research to build smart, localized alliances with selected partners, good service providers, and economic and social environments that promote circulation, reuse, and the creation of case-by-case solutions.

This transformation in procurement practices is accompanied by a temporal revolution, which is one of the most structuring aspects of re-embedding. In a context of accelerating production flows under pressure from streaming platforms, the implementation of eco-responsible production requires a certain amount of organizational time that disrupts traditional rhythms.

The time allocated to preparation and organization is not an additional burden, but an investment that leads to progress in terms of training and transformation, as well as budget management.

Quantitative analysis reveals the scale of this transformation. Of the 44 productions studied, a person in charge of eco-production is present on average 37 % of the preparation time, 52 % of the shooting days, and 15 % of the post-production period. Increased anticipation is necessary for re-embedding: preparation is a strategic moment when ecological alliances are formed and circuits for the reallocation of materials are designed.

This new relationship with time is gradually transforming the collective organization of work. Professionals describe the emergence of an "eco-routine" where the time allocated "becomes a time for repetition and no longer just for anticipation," transforming ecological constraints into new creative practices. This temporal transformation reveals how re-embedding engages in a lasting transformation of professional cultures rather than a simple one-off adaptation. The development of eco-production is already promoting the development of offers and services capable of responding to new priorities in terms of quality, environmental consideration, location, and care. Each eco-produced film shoot thus contributes to a transition for the socio-economic space in which it takes place, notably supporting social and solidarity economies, such as productions carried out by film studios in collaboration with makerspaces[59].

The ecology of a film shoot cannot therefore be separated from the economic fabric in which its material activities take place. Producers involved in an eco-production approach favor working with suppliers who are themselves committed and invest more time in preparation in order to "talk more with service providers" and "put service providers in competition with each other on the eco-production aspect." This extended preparation time allows for "more brainstorming to make the right decisions" and encourages the emergence or consolidation of new key skills among service providers.

The cases documented in the survey illustrate how re-embedding goes beyond the simple temporary occupation of premises to engage in a reciprocal

59 A makerspace is a third-party digital production workshop. By making tools and machines available, it enables the sharing of know-how and experience, with the aim of rapid prototyping or small-scale production.

relationship with the ecological environment. The use of vacant university rooms or the renovation of disused spaces that then become places open to the public reveal a logic of reallocation that transforms the extractor into a contributor to local economies.

This transformation is partnered by creative thinking that questions the very necessity of certain productions and engages in "the anticipation and design of allocation logics" with a view to multiple allocations over time. With eco-production, the profession "demonstrates situational intelligence, inventing new conditions of existence that fully reintegrate the materialities of a film set into a circularity, continuity, and care" that allows it to "work with the existing environment" and to work on "the successive allocation and reallocation of these materialities."

However, the analysis also reveals the infrastructural constraints that limit the possibilities for re-embedding. Certain actions remain difficult to implement when the infrastructure surrounding the filming does not allow for direct control over the situation. Actions such as sourcing renewable energy or renting electric vehicles have often been neglected due to a dependence on broader infrastructure that is lacking. This analysis reveals that re-embedding does not depend solely on the willingness of teams, but requires a broader transformation of territories and their facilities.

This logic of allocation and reallocation of materials contrasts with the disposable culture that characterized film shoots, where everything was designed for single use. As one production manager explains. "The set designer builds in such a way that it can be dismantled and donated to theaters, for example." Reembedding thus prompts reflection on the ecological impact of production activities, which goes beyond the search for immediate savings and transforms the very nature of productive investment. One professional sums up this transformation: "When we arrive on a film set, we like the environments in which we work, and we take great care to promote the local economy. It's in our interest to be friendly with the people we work with."

2. Socio-economical aspects of an eco-production

This economic transformation is reflected in a reorientation of financial flows guided by qualitative criteria that affect all those who work, directly or indirectly, on the material existence of a film shoot. The survey reveals that, contrary to popular belief about the cost of eco-production, these practices often generate substantial savings: "Using second-hand items, recycling centers, or renting furniture for sets or costumes saves money, but it takes time." This apparent temporal contradiction reveals a profound transformation in investment logic: the time spent searching for local and sustainable solutions is transformed into reusable capital.

2.1. Reorientation of financial flows

Such trade-offs are leading to the development of new practices among suppliers who have understood the direction in which the sector is heading. This transition is stimulating the creation of new businesses focused on offerings that meet the requirements of eco-production and enables sustainable investment in new skills, which then spreads to the rest of a city or region's activity. Eco-production particularly supports social and solidarity economies and promotes "the emergence or consolidation of new key skills" among service providers.

The development of an activity in a particular field can then be proposed for other fields, giving rise to a beneficial knock-on effect for service providers across the entire associated economic and social fabric. The attention paid to locations and teams transforms the very relationship to creative work, replacing the culture of exploitation with that of cooperation. This new relationship to the ecological environment necessarily transforms the economics of film shoots, replacing the logic of consumption-destruction with that of the gradual constitution of reusable material capital, which we conceptualize as "materiality capital."

This material and economic transformation ultimately reveals that terrestrial re-embedding is the concrete expression of an integrated ecology that articulates the environmental, social, and economic dimensions of audiovisual production. A continuum is evident in filming practices, where disrespect for people systematically accompanies indifference to the environment. Testimonies establish a direct correlation between productions that mistreat their crews and those that damage their filming environments. This structural connection explains why eco-production provokes resistance that goes far beyond technical issues to touch on the power structures that organize filming. The survey also documents the emergence of an awareness that is transforming this resistance into an opportunity to redefine social relations.

The organizational structure of a successful eco-production is thus defined as a collective arrangement that confers equally distributed capacities for ecological action, transcending traditional socio-professional hierarchies.

Re-engaging with local communities requires reciprocal relationships that are incompatible with traditional hierarchies. This transformation of social relations is a prerequisite for terrestrial re-embedding, revealing that social ecology and environmental ecology are two sides of the same necessary transformation. This link between environmental and social transformation ultimately reveals that re-embedding involves a profound redefinition of the conditions of collective existence, placing care for ecological environment and people at the center of the organization of film shoots, paving the way for new forms of creative cooperation rooted in living environments.

2.2. Materiality capital as a structural investment

This section demonstrates how eco-production, far from generating additional costs, constitutes an investment in what we propose to call "materiality capital", a concept coined to refer to the creation of sustainable stocks of reusable resources that fundamentally transform the economics of the audiovisual sector. The analysis is divided into four parts: first, an examination of the temporal revolution that underpins this economic transformation; second, documentation of the structural savings generated; third, exploration of the new terrestrial alliances that result from it; and finally, identification of the accounting obstacles that still hinder its widespread adoption.

The economic analysis of the 44 productions studied reveals that the constitution of material capital is based first and foremost on a radical transformation of the relationship to time. In a context of accelerating flows under pressure from streaming platforms, eco-production paradoxically imposes a strategic slowdown. One professional states: "Time allows us to think about solutions that will cost less … I've observed this on several productions: giving time and budgeting for eco-referencing reduces costs." This time investment involves "activities related to materiality in all its temporal depth" – sorting, sourcing, identifying alternatives – which gradually transform improvisation into situated intelligence. This is how what professionals call an "eco-routine" is formed, where "once everything is in place, it's simply a matter of implementation," with the time spent anticipating becoming a time for rehearsal, transforming constraints into new sustainable creative practices.

This temporal revolution generates an economic transformation that the data quantifies precisely. The study reveals savings of 15 to 20 % on sets, costumes, and stage management, accompanied by a 40 to 60 % reduction in environmental footprint. These results are not the result of cost cutting but of a systemic reorganization illustrated by concrete examples: “We realized that by renting electric vehicles rather than combustion engines, we were saving 30 % on transportation costs,” says one production manager. In terms of sets, one production reports “€12,000 instead of €20,000, a 40 % saving,” while another reports a “budget saving of around €25,088.” The use of resource centers generates savings of “at least 40 % cheaper than if we had to buy new things.” These savings result from replacing a flow-based approach – where each shoot consumes and destroys – with a circulating stock approach where resources are accumulated and reused: “The set designer builds in such a way as to be able to dismantle and donate to theaters, for example,” transforming potential waste sets into transferable assets. However, this approach requires “investment, involvement, and joint efforts to transition to a more sufficient and circular production, requiring trade-offs, decisions, commitments, and repeated experiments.”

Material capital is not created in abstraction but is rooted in ecological environment and networks of actors. The analysis reveals how film shoots, which extract local resources, become contributors to territorial economies. The documented cases illustrate this transformation: the use of “unoccupied student rooms during the university vacation period,” the renovation of a tavern “so well renovated that the place is visited every day by the public.” These examples demonstrate how anticipation and design enable “multiple allocations and reallocations over time,” building continuity of materiality. This logic is transforming professional partnerships: productions now favor working with committed suppliers and invest time in “putting service providers in competition with each other on the eco-production front.” Inclusion in social and solidarity economies is becoming structural, as illustrated by collaborations between film studios and makerspaces. Each eco-produced film shoot thus contributes to a transition in the socio-economic space in which it takes place, developing offers and services that respond to new priorities in terms of environmental quality and care. The ecology of a film shoot becomes inseparable from the economic fabric in which its material activities take place.

Despite these documented transformations, the widespread adoption of materiality capital is hampered by the inadequacy of traditional accounting systems. An examination of budget data reveals that 64 % of productions have created specific lines for eco-production, but these lines represent only 0 to 1 % of the total budget, masking the "cost redistribution" that eco-production actually achieves. One producer explains this point: "The problem is that we don't value what we haven't spent. If I reuse a set, it doesn't appear anywhere in my accounts, even though I've saved tens of thousands of euros." The costs avoided – waste not produced, transport not carried out, materials not purchased – remain invisible in the accounts. This invisibility prevents the real economic value of eco-production from being grasped and hinders its institutional recognition. A production manager sums up the issue: "Eco-production is not an additional cost, but it does require the production budget to be redistributed." This accounting mismatch necessarily leads to a rethinking of indicators beyond carbon alone.

Recognition of material capital requires the development of appropriate indicators. Analysis of Carbon'Clap data reveals that the main sources of emissions – transport (32 %), sets and costumes (20 %), technical resources (14 %) – all correspond to massive material flows. Everything in a production is material: images and sounds are created that have both symbolic and material weight. Control room, canteen, sets, costumes, cameras, LEDs, post-production, etc.: the environmental footprint is primarily material. By placing eco-production within a material-energy-ecosystem continuum, a "material" indicator can be expressed in tons of materials used, including waste and considering the biodiversity affected by extractivism. Eco responsible production now requires awareness of the "material capital" that must be circulated from shoot to shoot. This proposal contributes to reflections on new environmental accounting systems, in particular triple accounting systems that integrate environmental impacts. The material indicator would thus make it possible to capture what the carbon approach does not account for: the irreducible physical dimension of audiovisual production and its capacity to build – or destroy – sustainable material capital for the sector.

3. Socio-environmental approach

The carbon approach, although essential in raising environmental awareness in the audiovisual sector, accounts for only part of the deterioration suffered by the harm to the planet. The survey of 44 productions reveals that the material footprint – the quantity of resources extracted, processed, and discarded – is the main impact of a film shoot. Echoing José Halloy's analyses, a production manager testifies to this hidden reality: "We can have a decent carbon footprint and still leave behind tons of waste. The problem is the material we consume and throw away."

3.1. Towards new indicators: the material weight

An examination of Carbon'Clap data material weight confirms this analysis, revealing that the main sources of emissions – transportation (32 %), sets and costumes (20 %), and technical resources (14 %) – all correspond to very significant material flows. This correlation between carbon emissions and material flows is no coincidence: it demonstrates that CO2 is only a partial indicator of broader environmental impacts. The carbon indicator masks several critical dimensions: the mining extractivism[60] required for electronic equipment, the gray energy incorporated into construction materials, the massive production of non-recyclable waste, the direct damage to biodiversity caused by resource extraction, and the pollution of soil and water by processing. This awareness has led to the development of the concept of "filming weighing," a complementary indicator that measures material flows into and out of production.

Filming weighing is the concrete method for operationalizing this material indicator. It consists of accounting for all material flows into and out of a production according to a rigorous protocol that is divided into four phases. The first phase establishes an exhaustive initial inventory of new materials acquired, including set construction materials (wood, metals, plastics), costume textiles and accessories, technical equipment and consumables, and production and administrative materials. The second phase involves systematically weighing second-hand materials used in filming, whether they come from recycling centers, internal stocks, or loans between productions. The third phase meticulously records outgoing flows, distinguishing between donations to associations and theaters, resales on the second-hand market, returns to stock for future reuse, and final waste destined for disposal. The

---

[60] Extractivism refers to a model of economic development based on the excessive dependence on massive extraction and intensive exploitation of natural resources.

fourth phase establishes an overall mass balance to calculate the material circularity rate of production.

This approach deliberately favors measuring total mass over breaking down materials by type: "It remains difficult to classify materials by type due to their composite nature. Trying to break them down before weighing them can be tedious and unrealistic. The first step in testing a material indicator will involve weighing the materials without breaking them down." Far from being a limitation, this methodological simplification actually facilitates the practical adoption of the indicator in the operational context of film shoots. A production designer testifies to this transformation in practices: "When we build a set, we rarely think about where the wood comes from, how it has been treated, or what will become of it. Weighing forces us to track all of this."

The systematic inventory reveals orders of magnitude that are often unexpected. The productions documented in the study show tonnages ranging from 12 to 87 tons depending on the scale of the project, with heterogeneous compositions: sets representing 40 to 60 % of the total weight, costumes and accessories 15 to 25 %, technical equipment 20 to 30 %, consumables and miscellaneous waste 10 to 20 %. These measurements reveal impacts that are invisible when viewed solely through the lens of carbon: mining extractivism for electronic equipment represents up to 300 times the final weight of the devices in terms of resources displaced, the gray energy of construction materials can be equivalent to 10 years of use, and the damage to biodiversity caused by extraction extends far beyond the filming locations.

3.2. Material sufficiency

This methodology allows us to consider what the study conceptualizes as a lighten of materiality. The objective becomes to bend and flatten the curve in order to initiate this process of economizing on materials, that is, to become sufficient. This notion of sufficiency goes beyond simple one-off reductions to aim for structural transformation: contain the total weight of resources in circulation rather than perpetually consuming new ones. Material sufficiency refers to using less material to achieve the same or improved functionality. This concept is crucial for both economic and environmental sustainability: it can reduce costs and minimize the environmental impact of resource extraction, manufacturing, and disposal.

Engaging in a material sufficiency approach means signing up to a process of progressive accumulation of "material capital" – a concept developed in economic analysis to refer to sustainable stocks of reusable resources. A production manager testifies to this transformation: "We realized that by building up a permanent stock of modular sets, we could reduce our purchases by 70 %. It's an initial investment, but one that pays for itself in all subsequent productions." The mass measured in this way counts even more if it is reused, engaging a responsibility for accumulation: "Eco-responsibility is too often based on consumption and pays little attention to accumulation."

This approach radically transforms the very design of production elements. The head set designer quoted in the study, who "builds in order to deconstruct", demonstrates the shift from a logic of "creative destruction", Schumpeter's famous oxymoronic concept, to a new logic of "creative circulation". Sets become modular and removable, costumes are designed to be transformable, and technical structures favor standardization to allow for reuse. If accounting data is kept by producers based on "filming weigh-ins," the history of material consumption can be deduced and optimized production after production.

Experiments conducted on the 44 productions make it possible to model three prospective scenarios for reducing the material footprint. The "business as usual" scenario maintains current practices and serves as a reference. The "Ecoprod Label" scenario incorporates the 80 actions in the reference framework with an application rate of 70–80 %. The "frugal production" scenario pushes the logic of circularity to its maximum with 90–95 % reuse.

In the Label Ecoprod scenario, productions achieve an average reduction in their material footprint of 22 %, with variations depending on the item: a 40 % reduction in sets through the systematic use of resource centers and reuse, a 35 % reduction in costumes through second-hand sourcing, and a 15 % reduction in equipment through pooling and long-term rental.

The "frugal[61]" production scenario takes the transformation further, achieving reductions of 60 to 94 % in the material footprint depending on the

---

[61] Derived from the Latin *frugalis*, the word "frugal" in English generally means virtuous, thrifty, temperate. A frugal approach is characterized by the avoidance of excessive expenditure and waste. The expression "frugal production scenario", used to designate this third option, gives "frugal" a stronger meaning in terms of ecological ambition and the drastic reduction of factors harmful to the major balances of the planet and living beings.

item. These spectacular results are achieved through a systemic approach combining: design for disassembly from the technical writing stage, regional pooling of stocks between productions, structural partnerships with the social and solidarity economy, development of local creative reuse sectors, and training of teams in eco-design. One production team reports: "We managed to make the entire film using only 8 tons of new materials out of a total of 45 tons used. The rest came from reuse, and everything went back into circulation afterwards."

The implementation of weighing systems for film shoots is more than just a technical addition; it represents a far-reaching transformation of production organization. It calls for new skills and new professions, such as eco-regulators specialized in material flow management. It requires greater anticipation right from the development phase, in order to identify locally available resources. It requires greater coordination between traditionally compartmentalized departments. It demands rigorous traceability, which is incompatible with the sector's traditional informal practices.

This organizational transformation goes hand in hand with a renewed local presence for film shoots. Productions are developing lasting alliances with local players in the circular economy: recycling centers are becoming preferred partners, theaters and cultural venues are being integrated into reuse circuits, local craftsmen are being mobilized to transform materials, and educational establishments are joining forces to pass on know-how.

The material indicator also reveals issues of environmental justice that are obscured by the carbon approach. The distribution of impacts according to extraction, processing and disposal sites reveals a geography of inequality, which the weighing system makes it possible to document. Material choices involve global supply chains whose socio-environmental consequences become visible: child labor in cobalt mines, deforestation for exotic woods, industrial pollution from production sites. This new visibility opens up the possibility of extended responsibility for production.

This detailed measurement of materiality also reveals the structural limits of the technical approach. Even with the most ambitious reduction rates of the frugal scenario, the question of overall production volume remains. If the number of shoots continues to rise sharply under the impact of streaming platforms, material efficiency gains risk being cancelled out by the rebound effect. The study underlines this tension: "What remains to be done is to identify the sector's dependencies more clearly, so as to transform practices that are not entirely dependent on infrastructures external to the sector, and to continue developing experiments to redirect the existing infrastructure."

Weighing up film shoots thus opens up more fundamental questions about the production model itself and its compatibility with planetary limits. It makes tangible what the carbon approach tends to express in statistical terms: the irreducible materiality of all image production. It forces us to consider the relationship between weak sustainability (efficiency) and strong sustainability (sufficiency). Ultimately, it raises the question of how to maintain a sustainable production volume in a world of finite resources.

The material indicator and its weighing method are therefore much more than just another technical tool. They represent a paradigm shift in understanding the environmental impact of audiovisual production, making the invisible visible and the immeasurable measurable. By revealing the real weight of images, film weighing challenges us to recognize and address the materiality of the immaterial, and forces us to rethink the very conditions of possibility of audiovisual creation within the limits of the planet.

Conclusions: Structural aporias and limits of eco-production

Analysis of the transformations brought about by eco-production reveals two major aporias that call into question the very coherence and scope of the approach. These structural contradictions do not call into question the achievements demonstrated in the previous sections – terrestrial re-integration, the transformation of social relations, the economic viability of material capital, the effectiveness of material weighing – but reveal on the contrary that these transformations, to fully reveal their potential, call for a more fundamental rethinking of the audiovisual production model. A closer look at these aporias will help us to understand how eco-production has gone from being a tool for technical optimization to revealing societal issues that go beyond the sector itself.

A narrative paradox

The first aporia concerns what we call the narrative paradox, i.e. the contradiction between eco-responsible means of production and diegetic universes that may promote lifestyles incompatible with planetary limits. This tension manifests itself concretely in the experience of the professionals we interviewed. One director expresses this contradiction acutely: "We're very careful about our carbon footprint during filming, but we're telling a story where the characters fly every other scene. What coherence?" This disjunction between the form of production and the content produced reveals a flaw in the very logic of eco-production, which risks being reduced to technical optimization without calling into question the imaginations conveyed.

The survey reveals that this issue divides the industry into three distinct positions. The first, a minority but emerging position, calls for the eco-responsible approach to be extended to include narrative and aesthetic choices. As one producer puts it: "All projects should have editorial measures in place. I think it's very good that there's a re-reading process with a question of legitimacy that arises." This position assumes a form of extended editorial responsibility, with creators assuming responsibility for the symbolic impact of their productions on collective representations. The second position, held by the majority, defends creative autonomy as an intangible principle. One director expresses this resistance: "It's true that it's complicated, because we're in a profession where people don't really like to be guided in their invention." This defense of creative freedom is based on a long tradition of artistic independence that constitutes the very identity of the sector.

Between these two poles emerge intermediary practices that bear witness to a narrative consciousness in the making. These adjustments are made through discreet negotiation rather than explicit constraint. One professional recounts: "the main character had a quad bike, but couldn't he have an electric bike?" This seemingly innocuous substitution reveals how eco-production can subtly influence representations without imposing a normative framework. Other testimonials illustrate strategies of symbolic insertion: "The scenario, which is a trial film, didn't lend itself to the staging of eco-environmental responsibility, but one small detail: the defense party drank from gourds and the opposing party from plastic bottles. It was discreet." Another professional theorizes this indirect approach: "We don't have to show a car on screen, or make things easy for the viewer... The viewer can piece together the thread and make the transitions on their own."

This aporia raises the question of the sector's responsibility in the production of a "short circuit of the climatic imagination", where coherence between means of production and content produced would contribute to the emergence of the new narratives necessary for the transition. As one professional lucidly observes: "We're a vector of meaning and imagination, we're a central industry, and the cultural industries have a central role to play. But if we don't offer people an alternative, people don't really want to change."

The question of production volume

The second, even more fundamental aporia concerns the question of production volume in a context of finite resources. This structural contradiction between quantitative growth and planetary limits is the blind spot of eco-production, revealing the limits of a purely technical approach. The study precisely documents the scale of the paradox: the French audiovisual sector produces over 300 feature films, 500 TV movies and 5,000 hours of programming every year, figures that have been rising steadily since the advent of streaming platforms. This accelerated production inflation calls into question the very sustainability of the model, regardless of the efficiency gains achieved on each production.

One producer expresses this systemic concern with disillusioned lucidity: "We can eco-produce as much as we want, but if we keep on producing more and more, we're heading for disaster." This observation is consistent with the analysis of Alexandre Monnin, who identifies the risk of seeing eco-production join the cohort of technical optimizations which, without calling into question the growth model, only delay the collapse. The rebound effect – a well-documented phenomenon in which efficiency gains are cancelled out by increased volumes – threatens to wipe out even the most ambitious eco-production efforts.

This observation ties in with José Halloy's analyses of "zombie technologies", a concept he develops to designate those "structurally unsustainable" technical devices which "depend entirely on fossil fuels" and "could well end up creating the conditions conducive to the disappearance of a significant part, if not all, of our species." The audiovisual sector, with its dependence on sophisticated electronic equipment, international transport, energy-hungry digital infrastructures and globalized logistics flows, exemplifies these zombie technologies that optimize their operation without questioning their very existence. High-resolution digital cameras, storage servers, viewing screens and broadcast platforms are all links in a technical chain that is intrinsically dependent on fossil fuels and rare metals.

The question of production volume raises questions not only about quantity, but also about the quality and social function of the works produced. In an economy of saturated attention, does the multiplication of content help to enrich the collective imagination, or does it contribute to a form of cultural entropy? One director poses this disturbing question: "Do we really need 300 films a year? Wouldn't it be better to make 100, but take the time to make them well?" This question goes beyond the purely technical dimension to engage a reflection on the sector's economic models, capital concentration, the financialization of creation, and the acceleration of production-consumption cycles. It also questions the social function of the audiovisual industry: how much content does a society need to nourish its collective imagination? Does the multiplication of productions correspond to cultural enrichment or entropic saturation?

These two aporias – the narrative paradox and the question of volume – reveal that eco-production functions as an analyzer of the deep contradictions of the audiovisual sector. By making visible the tensions between means and ends, between efficiency and growth, between technical optimization and systemic transformation, it forces us to think about what the ordinary functioning of the sector tends to conceal. In this way, the eco-production approach becomes the site of an awareness that goes beyond its initial impact-reduction objectives.

This revealing function can be seen in the testimonies of professionals who, starting from a technical approach, find themselves confronted with existential questioning about the meaning of their activity. The experience of eco-production produces an "enhanced reflexivity" in which professional routines become the object of critical examination. One cinematographer describes this transformation: "Before, we didn't ask ourselves the question. We'd shoot, throw it away and move on to the next shot. Now, every gesture is questioned. It's exhausting, but it's necessary."

This reflexivity is not limited to technical aspects, but gradually extends to the aesthetic, narrative and economic dimensions of production. It generates new forms of constrained creativity, where material limitations become opportunities for invention. As one director explains: "The constraints of eco-production forced me to completely rethink my direction. Fewer built sets, more natural ones. Fewer camera movements, more still shots. In the end, the film gained in intensity." These testimonials suggest that the limits identified could become the conditions for creative renewal in the sector.

From local experimentation to socio-technical transition, to ecological redirection?

However, this transformation remains confined to the margins of the sector. The 44 productions studied are zones of experimentation in a mass of conventional practices. The analysis reveals that the transition from experimentation to generalization is hampered by structural obstacles that go beyond the will of the players themselves: accounting standards unsuited to materiality capital, production timescales incompatible with the necessary anticipation, financing models that privilege quantity over sustainability, and professional cultures resistant to change. These obstacles reveal the systemic transformations needed to move eco-production beyond the stage of virtuous experimentation.

Identifying these structural aporias transforms the very understanding of eco-production. From a tool for environmental optimization, it becomes the potential vector for an ecological redirection of the audiovisual sector. This redirection would involve moving from a logic of efficiency (doing better with less) to a logic of sufficiency (doing less but better), from a technical approach to a cultural transformation, from marginal adaptation to systemic refoundation.

This perspective is in line with the analyses developed by theorists of ecological redirection, who distinguish between transition and redirection. Where transition implies improved continuity, redirection implies a fork in the road, a change of trajectory. For the audiovisual sector, this could mean: prioritizing the durability of works over their quantity, developing aesthetics of sobriety, inventing narrative formats in tune with ecological rhythms, rethinking economic models according to the logic of commonality rather than accumulation, articulating local creation and global distribution according to new modalities.

The study shows that this redirection is already taking place at the margins of the sector. Professionals involved in eco-production are going beyond impact-reduction techniques to develop an alternative vision of their profession. They are experimenting with alternative "forms of professional life" in which coherence between values and practices becomes central. As one producer explains: "Eco-production has changed the way I see my job. It's no longer just about producing films, it's about participating in a necessary transformation."

This transformation of professional subjectivities is perhaps the most powerful lever for change. It suggests that the ecological redirection of the sector will proceed less from regulatory injunctions than from a metamorphosis of professional cultures. The aporias identified, far from discouraging action, become the fulcrum of a more profound transformation. They reveal that the challenge goes beyond technical optimization to reinvent the very meaning of audiovisual activity in a world of finite resources.

Eco-production thus appears to be a laboratory for experimenting with the conditions of audiovisual creation in tune with planetary limits. The contradictions it reveals - between narratives and practices, between efficiency and growth – are less obstacles than opportunities for transformation. They pave the way for what anthropologist Ailton Krenak calls the "other cosmovisions" needed to "produce life in the face of this eroding world." From this perspective, the limits of eco-production become the conditions of possibility for an audiovisual industry capable not only of reducing its material footprint, but also of actively contributing to the emergence of the new imaginaries our era needs to inhabit the world differently.

Annexes

Précisions méthodologiques sur l'analyse environnementale

Source des données

Les données présentées dans ce chapitre nous ont permis de construire des modèles aussi précis que possible. Les modèles s'appuient sur des données de trois natures :

- Entretiens métiers : ces derniers nous ont permis de valider nos hypothèses de base. Régisseurs et régisseuses, décorateurs et décoratrices, ainsi que des producteurs et des productrices, nous ont accompagnés dans la conception des scénarios qui suivent.
- Statistiques Carbon'Clap : la typologie de tournage sur lesquels les modèles sont définis utilise les statistiques Carbon'Clap afin de définir les volumétries moyennes des activités retranscrites (repas, déplacement, budgets, etc.).
- Données publiques statistiques : Ces données proviennent de plusieurs sources produites par des organismes de recherches spécialisés, publics, ou directement tirées des analyses de cycle de vie (ACV) disponibles.

Les données publiques sont les suivantes :

La Base Empreinte[62] : les facteurs d'émission comptabilisés sont pour la majeure partie tirés de la Base Empreinte ADEME (transport, alimentation, machines, matières premières, etc.).

---

62 Base Empreinte de l'ADEME : https://base-empreinte.ademe.fr/

AgriBalyse[63] : pour les habitudes alimentaires et les facteurs d'empreinte carbone (FE) associés à la restauration, les repas sont modélisés depuis les bases Agribalyse.

France AgriMer[64] : les habitudes alimentaires des Français retenues sont issues de l'étude France AgriMer (*Ifop*) de 2020.

Statista : Une partie de la modélisation des transports de matériaux en véhicules lourds[65] et véhicules utilitaires (VUL)[66] s'appuie sur ces statistiques. Ces données nous ont permis de dégager des moyens pour le transport de matériel.

---

63 Base AgriBalyse : https://agribalyse.ademe.fr/

64 Étude de mode de consommation alimentaire en France, FranceAgriMer, 2020 : https://www.franceagrimer.fr/content/download/66748/document/RapportCompletVegetariensFlexitariensEnFrance2020.pdf

65 Statista : Statistiques de déplacement des poids lourds : https://fr.statista.com/statistiques/484468/distance-parcourue-en-moyenne-par-vehicule-lourd-france/

66 Statista : Statistiques de déplacement des véhicules utilitaires légers : https://fr.statista.com/statistiques/484426/distance-parcourue-en-moyenne-par-vehicule-utilitaire-leger-france/

Construction des trois scénarios comparatifs

Périmètres

Tous scénarios
- Typologie de projet : fiction télévisée unitaire
- Localisation : France
- Budget considéré : 2,4 M€
- Taille de l'équipe : 30 personnes
- Durée de production : 30 jours

Inclus	**Exclu (hors périmètre)**
Repas des équipes	
Régimes alimentaires : - repas avec de la viande rouge - repas avec de la viande blanche ou du poisson - repas végétarien ou végan Offre de restauration entièrement prise en charge par la production.	*Perdiem et repas non pris en charge par la production* *Déchets produits* *Énergie liée à la transformation des aliments* *Localité de production des produits consommés* *Produits d'origines bio*
Transport des équipes	
Transports des voyageurs (équipes techniques, talents, etc.), prévus dans le devis de production Transport routier (voiture), ferroviaire et aérien Taux d'occupation : voiture individuelle : 1,6 (ADEME) covoiturage : 3,1 (étude Blablacar Le Bipe IEA) Zone géographique : France métropolitaine Distances réalisées : kilomètres parcourus	*Déplacements des équipes pour des raisons personnelles ou exceptionnelles* *Transport en camion :* *Camions de matériel et moyens techniques* *Transport de décors, costumes et de la régie du tournage.* *Transport international*

(*Suite*)

(*Suite*)

Construction et fin de vie des décors	
Surface : 100 m2 de construction (32 mètres linéaires) Murs en feuilles décor : panneaux de taille 3x1,5m Achat de matières premières, acheminement, transformation, fin de vie et déchets pour la fabrication d'une feuille décor	*Temps de recherche de matériaux* *Autres types de lieux de tournage : friches, décors naturels, décors existants* *Sculpture* *Mobilier* *Accessoirisation du lieu* *Feuilles décors de taille non-standard* *Sol (faltex -isolant-, OSB rainuré)* *Plafond (toile, ¼ de surface)*

Approvisionnement électrique du tournage	
Immobilisation et déplacement des dispositifs et consommation d'énergie Mix électrique France Type de besoin électrique : - Scènes de nuit - Milieu naturel et en ville - Avec des éclairages de grosse puissance - 100 kwh par jour Proportion de consommation allouée aux différents modes d'approvisionnement (groupe électrogène, secteur électrique, UME[67]).	*Dispositifs exceptionnels :* - *accès contraignants pouvant conditionner l'approvisionnement en énergie,* - *éclairage entièrement en faible puissance,* - *studio.* *Activités du technicien opérateur de groupe électrogène.*

Hypothèses réalisées :

Repas des équipes

S1 - business as usual

Repas	**FE/repas**	**Statistiques Carbon'Clap**	**Impact**	
Régimes	***kgCO$_2$eq***	***Part en %***	***Unités de repas***	***kgCO$_2$e***
Viande rouge	7,26	34 %	306	2222
Viande blanche ou poisson	1,56	53 %	480	744
Végétariens ou végan	0,46	13 %	114	50
TOTAL		100 %	**891**	**3015**

[67] Unité Mobile d'Énergie, batterie portable compacte.

S2 - Label Ecoprod					
		Recos Label Ecoprod			
Viande rouge	7,26	1	14 %	126	915
Viande blanche ou poisson	1,56	3	55 %	495	772
Végétariens ou végan	0,46	1	31 %	279	128
TOTAL		5	100 %	**900**	**1815**
S3 - Production frugale					
		Hypothèse proposée			
Viande rouge	7,26	0	0 %	0	0
Viande blanche ou poisson	1,56	1,5	30 %	270	421
Végétariens ou végan	0,46	3,5	70 %	630	290
TOTAL		5	100 %	900	**711**

Transport des équipes					
S1 - business as usual					
Transport	**FE/km**	**Statistiques Carbon'Clap**		**Impact**	
Types	*kgCO$_2$eq*	*Part en %*		*km*	*kgCO$_2$e*
Aérien	0,187	17 %		113900	2130
Ferroviaire	0,006	27 %		18090	107
Routier (1,6p/VL)	0,139	56 %		37520	5229
Covoiturage (3,1p/VL)	0,045	0 %		0	0
TOTAL		100 %		**67 000**	**7466**
S2 - Label Ecoprod					
		Recos Label Ecoprod			
Aérien	0,187	3,4 %	80 % des trajets en avion du S1 reportés (20 % VL et 60 % train)	2278	426
Ferroviaire	0,006	37,2		24924	147
Routier (1,6p/VL)	0,139	40,9 %		27416	3821
Covoiturage (3,1p/VL)	0,045	18,5 %	33 % transports routiers du S1	12382	557
TOTAL		100 %		**67 000**	**4951**

(*Suite*)

(*Suite*)

S3 - Production frugale					
		Hypothèse proposée			
Aérien	0,187	0 %	100 % des trajets en avion du S1 reportés (20 % VL et 80 % train)	0	0
Ferroviaire	0,006	41 %		27 202	160
Routier (1,6p/VL)	0,139	17 %	25 % des routiers du S1	11 658	1625
Covoiturage (3,1p/VL)	0,045	42 %	75 % des routiers du S1	28 140	1265
TOTAL		100 %		**67 000**	**3 050**

Construction et fin de vie des décors			
S1 - business as usual			
GT Déco Ecoprod		Impact	
Poste	Critère	Paramètres	*kgCO₂e*
1. Matières premières	Achat de matières neuves	30 mètres linéaires	**1 178**
2. Transport amont	Matériaux neufs : 80 % livraison	118 km	**34**
	Matériaux neufs : 20 % achats en magasins	40 km	**15**
3. Mise en forme	Construction neuve en atelier de 500m^2 (France)	5 jours	**358**
4. Fin de vie	Démontage : 1 jour en atelier de 500m^2 (France)	1 jour	**254**
5. Transport aval	Envoi en déchèterie en camion benne	49 km	**21**
TOTAL			**1 860**
S2 - Label Ecoprod			
Reco Label Ecoprod		Impact	
1. Matières premières	50 % d'achat de matières neuves	15 mètres linéaires	**561**
	50 % de matériaux neuf pour la remise en forme des décors	15 mètres linéaires	**166**
2. Transport amont	Matériaux neufs : 80 % livraison et 20 % achats en magasins	158 km	**29**
	Décors de réemploi : 90 % transport spécifique - 10 % livraison	198 km	**39**

3. Mise en forme	Construction neuve en atelier de 500m² (France)	5 jours	**358**
4. Fin de vie	Tri sélectif sur 50 % des décors : 2 jours (le reste est envoyé en ressourcerie)	2 jours	**267**
5. Transport aval	50 % envoi trié déchèterie	49 km	**12**
	50 % envoi en ressourcerie	99 km	**20**
TOTAL			**1 452**
S3 - Production frugale			
Hypothèse proposée		Impact	
1. Matières premières	Matériaux neufs pour la remise en forme des décors	30 mètres linéaires	**168**
2. Transport amont	Transport en provenance de la ressourcerie	236 km	**78**
	Achat de matériaux complémentaires	40 km	**9**
3. Mise en forme	Remise en forme des décors de réemploi : 5 jours (France)	5 jours	**358**
4. Fin de vie + remise en état	Remise en état avant ressourcerie : 3 jours	3 jours	**232**
5. Transport aval	Envoi en ressourcerie (camion et camionnette)	118 km	**59**
	Déchets résiduels non triés (camion et camionnette)	20 km	**5**
TOTAL			**908**

Approvisionnement électrique du tournage					
S1 - business as usual					
Statistiques Carbon'Clap					Impact
Production électrique		Poste	Critère	Paramètres	$kgCO_2e$
Dispositif	%				
Groupe électrogène	80 %	Immobilisation du groupe	Immobilisation sur la durée de la production	17 jours	21
		Déplacement du camion groupe	Trajets	30 km/jour	345
		Consommation du groupe	Consommation de diesel	80 L/jour	6 298

(*Suite*)

(*Suite*)

Secteur	20 %	Réalisation du branchement forain	Déplacement techniciens	40 km	22
		Consommation sur secteur	Consommation électrique (France)	4 jours	31
TOTAL					6 663
S2 - Label Ecoprod					
Recommandation du Label					Impact
Groupe électrogène	43 %	Immobilisation du groupe	Immobilisation sur la durée de la production	7 jours	9
		Déplacement du camion groupe	Trajet	30 km/jour	142
		Consommation du groupe	Consommation	80 L/jour	2 598
Groupes batteries (UME)	13 %	Immobilisation du groupe	Immobilisation sur la durée de la production	7 jours	44
		Déplacement des batteries	Trajet	30 km/jour	105
		Consommation des batteries	Consommation	4 batteries et 1 recharge/jour	21
Secteur	43 %	Réalisation du branchement forain	Déplacement techniciens	40 km	22
		Consommation sur secteur	Consommation sur le mix France	7 jours	46
TOTAL					**2 986**
S3 - Production frugale					
Hypothèses proposées					Impact
Groupes batteries (UME)	30 %	Immobilisation du groupe	Immobilisation sur la durée de la production	10 jours	100
		Déplacement des batteries	Trajet	30 km/jour	202
		Consommation des batteries	Consommation	6 batteries et 1 recharge/jour	47

Secteur	70 %	Réalisation du branchement forain	Déplacement techniciens	40 km	22
		Consommation sur secteur	Consommation sur le mix France	10 jours	62
TOTAL					**433**

Bibliographie

Livres et articles

Allamand Clémence, George-Molland Anne-Laure, 2024, « La filière cinématographique française face aux enjeux écologiques » dans *Culture e Studi del Sociale*, 9 (2), pp. 13–26.

Allard Laurence, Monnin Alexandre, Nova Nicolas, 2022. *Écologies du smartphone*. Éditions Le Bord de l'eau.

Allard Laurence, 2023, « XII. Troubles dans le numérique. Approches écocritiques de l'activisme narratif effondriste » dans Delon Gaspard, Hewison Charlie, Pantet Aymeric (dir.), 2023, « Écocritiques. Cinéma, audiovisuel, arts », *Cahier Textuel*, Hermann, pp. 185–204.

Becker Howard, 1988, *Les Mondes de l'art*, Flammarion.

Bidet Alexandra et Gayet-Viaud Carole (dir.), 2023. *L'engagement comme expérience*. Raisons Pratiques, Éditions EHESS.

Bonnet Emmanuel, Landivar Diego, Monnin Alexandre, 2021, *Héritage et fermeture*, Éditions Divergences.

Bonnet Emmanuel et Ben Kemoun Nathan, 2024, « Se laisser affecter par les milieux troublés pour repeupler l'enquête. Le cas d'un dispositif pédagogique dans une Réserve Naturelle », Conférence Anthropocène et Organisation. Clermont-Ferrand, juin 2024.

New Daggett Cara, 2023, *Petromasculinités*, Wildproject, préface de Fanny Lopez.

Chalvon-Demersay Sabine, 2012, « La saison des châteaux : une ethnographie des tournages en "décors réels" pour la télévision », *Réseaux*, 172, pp. 175–213. https://doi.org/10.3917/res.172.0175

Creton Laurent, 2020, *Économie du cinéma : perspectives stratégiques*, 6e édition, Armand Colin.

Creton Laurent, Dehée Yannick, Layerle Sébastien, Moine Caroline (dir.), 2011, *Les producteurs : enjeux créatifs, enjeux financiers*, Nouveau Monde.

Cubitt Sean, 2005, *Eco Media*, New York, Rodopi.

Delon Gaspard, Hewison Charlie, Pantet Aymeric (dir.), 2023, « Écocritiques. Cinéma, audiovisuel, arts », *Cahier Textuel*, Hermann.

Guattari Félix, 1989, *Les trois écologies*, Galilée.

Dubois Michel, Halloy José, 2024, « Le milieu des milieux : limites planétaires » dans *Prendre soin des milieux. Manuel de conception technologique*, Triclot Mathieu (dir.), Éditions matériologiques, pp. 293–340.

Dubois Michel, Halloy José, 2024, « Des technologies zombies aux technologies vivantes », dans *Prendre soin des milieux. Manuel de conception technologique*, Triclot Mathieu (dir.), Éditions matériologiques, pp. 293–340.

Halloy José, 2017, « La numérisation de l'économie est-elle durable ? », *La Revue Nouvelle*, 4, pp. 54–61.

Halloy José, 2018, « Ressources naturelles : enjeu majeur pour l'avenir de nos sociétés », *La Revue Nouvelle*, 4, pp. 30–33.

Halloy José, 2021, « Réchauffement climatique et technologies : quelle est la question ? », *La Revue Nouvelle*, 7, pp. 56–62.

Langlet Irène, 2020, « Cli-fi & Sci-fi. Littératures de genre et crise climatique » dans *La Vie des idées* (7 juillet 2020).

Krenak Ailton, 2022, *Idées pour retarder la fin du monde*, Éditions du Dehors.

Montebello Pierre, 2015, *Métaphysiques cosmomorphes - La fin du monde humain*, Presses du Réel.

Latour Bruno, 2017, *Où atterrir ? Comment s'orienter en politique*, La Découverte.

Lopez Fanny, 2022, *À bout de flux*, Divergence.

Maxwell Richard, Miller Toby, *Greening the Media*, Oxford University Press, 2012.

Nova Nicolas et Disnovation.org, 2024, *Bestiaire de l'anthropocène*, Éditions Art&Fiction.

Souriau Étienne, 1953, *L'univers filmique*, Flammarion.

Pruvost Geneviève, 2019, « Penser l'écoféminisme : Féminisme de la subsistance et écoféminisme vernaculaire », *Travail, genre et sociétés*, 42, pp. 29–47. https://doi.org/10.3917/tgs.042.0029

Ribac François, 2024, *Arts de la Scène et Musique dans l'Anthropocène*, coll. « Etudes des sciences et Histoire des techniques », Éditions des archives contemporaines, https://doi.org/10.17184/eac.9782813005571

Rot Gwenaële, 2019, *Planter le décor. Une sociologie des tournages*. Presses de Sciences Po.

Triclot Mathieu (dir.), 2024, *Prendre soin des milieux. Manuel de conception technologique*, Éditions matériologiques.

Samuel Zarka, 2025, Ces invisibles qui font le cinéma : équipes, métiers, monde professionnel, Presses Universitaires de France.

Rapports et documents officiels

ADEME, « Évaluation environnementale du numérique en France : analyse prospective à 2030 et 2050 », janvier 2023 : https://librairie.ademe.fr/consommer-autrement/5226-evaluation-de-l-impact-environnemental-du-numerique-en-france-et-analyse-prospective.htm

Manon Biancarelli, Lison Julien, Adrien Roche, « Produire des films plus responsables », Nausica, 2023 : file ://D:/Downloads/les-enjeux-de-la-transition-environnementale-de-la-production-cinematographique-2%20(1).pdf

Emmanuel Cardona, Cineklee, « Synthèse de l'étude : freins et leviers à la mise en place de nouvelles pratiques écoresponsables dans l'industrie du cinéma et de l'audiovisuel », CineKlee, 2023 : https://www.cineklee.com/wp-content/uploads/2023/11/Synthe%CC%80se-rapport-Cardona_CineKlee.pdf

Commission du Film d'Ile-de-France, « L'empreinte écologique d'un tournage », 2008.

CNC, « Évaluation des aides à la production cinématographique et audiovisuelle en région », 2016 : https://www.cnc.fr/professionnels/etudes-et-rapports/etudes-prospectives/evaluation-des-aides-a-la-production-cinematographique-et-audiovisuelle-en-region_298662

CNC, « Les pratiques écologiques des secteurs cinématographique et audiovisuel », 2023 : https://www.cnc.fr/professionnels/etudes-et-rapports/etudes-prospectives/les-pratiquesecologiques-des-secteurs-cinematographique-et-audiovisuel_1907780

CNC, « Dossier de presse Plan Action ! Pour une politique publique de transition écologique du cinéma, de l'audiovisuel et de l'image animée », 30 juin 2021 : https://www.cnc.fr/documents/36995/1433498/Dossier+de+presse+-+Plan+Action.pdf/41c7590b-9840-cd20-e184-ac4f7dc6973a

Présentation du *Plan Action !* 6 décembre 2022 : https://www.cnc.fr/documents/36995/1850763/PPT+contrepartie+des+aides+publiques.pdf/483e388c-60a7-ab95-1516-0d0185f23200?t=1670856907252

Ecoprod, Rapport Carbon'Clap et Label Ecoprod, Chiffres clés de 2024 : https://ecoprod.com/chiffres-cles-carbonclap-et-label-ecoprod/

Ecoprod et Carbone 4, « Bilan Carbone du secteur audiovisuel en France », 2010 : https://fdocuments.net/document/bilan-carbone-du-secteur-audiovisuel-en-france-emmanuelle-paillat-1.html?page=1

Ecoprod et Workflowers, « Environnement et Climat : de nouveaux enseignements pour les acteurs audiovisuels », 2020 : https://www.ecoprod.com/fr/les-outils-pour-agir/etudes.html

Film Paris Région et Zarka Samuel, « L'éco-responsabilité des équipes de décoration de cinéma et d'audiovisuel – Enquête en collaboration avec le collectif Eco-déco », mars 2021.

Green Screen Project, Film Paris Region et Secoya Eco-tournage, « Consultation for understanding carbon assessment in the frame of Green Screen project », 2020 : https://www.filmparisregion.com/sites/filmparis/files/2021-04/carbon-assessment-study-green-screen-2020.pdf

Ministère de la Culture, « Être économiquement viable et durable à la fois : un enjeu pour les industries culturelles et Créatives », 2020 : https://www.culture.gouv.fr/Nous-connaitre/Organisation-du-ministere/Cycle-des-Hautes-Etudes-de-la-Culture-CHEC/Travaux-des-auditeurs/Par-thematiques/Transition-ecologique

Shift Project. (2021). Décarbonons la Culture ! https://theshiftproject.org/article/decarboner-culture-rapport-2021/

Rapports internationaux

Öko-Institut e.V, « Analyse zeigt großes Klimaschutz-Potenzial bei Film-Produktionen », 2023 : https://www.oeko.de/blog/analyse-zeigt-grosses-klimaschutz-potenzial-bei-film-produktionen/

Green Film, « Sustainability in the audiovisual sector. Assessment of the climatic and economic impacts of applying the 'Green Film' environmental quality label », 2023 : https://www.green.film/wp-content/uploads/2023/10/GREEN-FILM-Research-Lab_SUMMARY-Study-Report.pdf

Mémoires

Balland Margaux, 2023, « L'éco-production : construire un avenir plus durable pour l'industrie cinématographique et audiovisuelle », Sciences de l'Homme et Société.

Landais Lucile, 2022, « La double-responsabilité dans la fabrique de fictions audiovisuelles face à l'urgence climatique. Éco-concevoir la création à impact écologique positif », Sciences Po Rennes.

Ravier Aurélie, 2023, « La transition environnementale du secteur cinématographique et audiovisuel français. Panorama des acteurs de l'éco-production », Université Panthéon Sorbonne.

Vigoureux Juliette, 2021, MOTEURS, (IN)ACTION La transition environnementale des salles de cinéma en France : la nécessaire intervention publique [Mémoire de master, Université Paris Dauphine PSL]. http://www.cinemas-utopia.org/U-blog/pontsaintemarie/public/Me_moire_Juliette_VIGOUREUX_-_Tome_I.pdf

Collectifs et Associations

Ecoprod, Guide de l'Animation Éco-responsable, 2024 : https://ecoprod.com/guide-de-lanimation-eco-responsable/

Ecoprod, Guide de la post-production et des VFX éco-responsables, 2024 : https://ecoprod.com/guide-de-la-post-production-et-des-vfx-eco-responsables/

Ecoprod, Guide des Tournages en Milieux Naturels, 2023 : https://ecoprod.com/guide-des-tournages-en-milieux-naturels/

Ecoprod, Guide de l'éco production, pour des productions audiovisuelles et cinématographiques respectueuses de l'environnement, 2014 : https://ecoprod.com/ressources-ecoprod/?format=guides-et-fiches-pratiques

Ecoprod, Fiches pratiques par métiers, 2015-2021 : https://ecoprod.com/ressources-ecoprod/?format=guides-et-fiches-pratiques

CUT ! (s. d.). Les actions. CUT ! Cinéma Uni pour la Transition : https://www.cut-collec-tif.fr/les-actions/

Les Toiles Vertes https://lestoilesvertes.org/

Les auteurs

Laurence Allard est maîtresse de conférences en Sciences de l'information et de la communication à l'Université de Lille. Socio-sémiologue, elle est membre de l'IRCAV, Université Sorbonne Nouvelle, où elle mène ses recherches consacrées aux engagements citoyens et éco-responsables du numérique, du cinéma et de l'audiovisuel à travers différents terrains d'enquête associant des méthodes qualitatives et quantitatives mais également la recherche-création.

Nathan Ben Kemoun est enseignant-chercheur en Sciences de gestion et Redirection écologique à la Clermont School of Business, membre du laboratoire universitaire CleRMa (Clermont Recherche Management) et du collectif Origens. Ses recherches portent sur les formes de vie et les expériences d'engagement en réponse au changement climatique et les politiques de sobriété accordées aux limites planétaires.

Laurent Creton est professeur émérite à l'Université Sorbonne Nouvelle et membre de l'IRCAV. Ses travaux portent notamment sur les marchés du cinéma et de l'audiovisuel, les nouveaux médias numériques de l'image et du son, les stratégies d'innovation, les démarches d'éco-production et les politiques de régulation des industries culturelles.

José Halloy est professeur de Physique et de Sciences de la soutenabilité à l'Université Paris Cité et membre du LIED. Spécialiste des systèmes complexes, il travaille sur les causes structurelles des désastres écologiques et sur la conception de solutions durables fondées sur des « technologies vivantes » compatibles avec les cycles naturels de la planète.

ICCA

Industries culturelles, création, numérique

sous la direction de Philippe Bouquillion et François Moreau

Sous l'égide du LabEx ICCA, *Industries Culturelles et Création Artistique*, devenu en janvier 2025 inIdEx ICCA, cette collection réunit les résultats de recherches consacrées aux différentes industries culturelles, traditionnelles comme le cinéma, la télévision, la musique et l'édition, ou plus récentes comme la vidéo et le jeu vidéo. Elle privilégie une perspective interdisciplinaire pour étudier les dispositifs de médiation et de promotion, les pratiques de consommation et les mutations induites par des mouvements de fond comme la mondialisation et la numérisation, qui bouleversent aussi bien les processus de création des contenus que les modes de financement et de distribution de la production.

ICCA
Industries culturelles, création, numérique

Titres parus dans la collection

Vol. 15 – Laurence Allard, Nathan Ben Kemoun, Laurent Creton et José Halloy, *Les démarches d'éco-production dans le secteur cinématographique et audiovisuel. Impacts socio-organisationnels, économiques et environnementaux*, 2026.

Vol. 14 – Laurent Creton, Kira Kitsopanidou, Olivier Thévenin et Ana Vinuela (dir.), *Approches socio-économiques du cinéma et de l'audiovisuel en France : objets, méthodes, perspectives*, 2026.

Vol. 13 – Olivier Alexandre et Monique Dagnaud (dir.), *Numérique : le travail réinventé*, 2023.

Vol. 12 – Vanessa Ferey, Françoise Mardrus et Juliette Bessette (dir.), *À la recherche du musée*, 2022.

Vol. 11 – Valérie-Inés de la Ville, Gilles Brougère and Pascale Garnier (Eds.), *Cultural and Creative Industries of Childhood and Youth. An interdisciplinary exploration of new frontiers*, 2021.

Vol. 10 – Hélène Fleckinger, Kira Kitsopanidou et Sébastien Layerle (dir.), *Métiers et techniques du cinéma et de l'audiovisuel : sources, terrains, méthodes*, 2020.

Vol. 9 – Mélanie Boissonneau et Laurent Jullier (dir.), *Cinéphilies et sériephilies 2.0. Les nouvelles formes d'attachement aux images*, 2019.

Vol. 8 – Christiaan De Beukelaer, *Développer les industries culturelles. Leçons de Palimpseste de la Pratique*, 2018.

Vol. 7 – Maya Bacache, Marc Bourreau et François Moreau (dir.), *Les musiciens et la transformation numérique. Un nouvel équilibre*, 2018.

Vol. 6 – Philippe Bouquillion et François Moreau (eds), *Digital Platforms and Cultural Industries*, 2018.

Vol. 5 – Philippe Bouquillion, Julie Peghini et Catherine Servan-Schreiber (dir.), *Artisanat et design. Un dessein indien* ?, 2018.

Vol. 4 – Gilles Brougère et Sébastien François (dir.), *L'enfance en conception(s). Comment les industries culturelles s'adressent-elles aux enfants* ?, 2018.

Vol. 3 – Emmanuelle Savignac, Yanita Andonova, Pierre Lénel, Anne Monjaret et Aude Seurrat (dir.), *Le travail de la gamification. Enjeux, modalités et rhétoriques de la translation du jeu au travail*, 2017.

Vol. 2 – Sophie Noël, Aurélie Pinto et Olivier Alexandre (dir.), *Culture et (in)dépendance. Les enjeux de l'indépendance dans les industries culturelles*, 2017.

Vol. 1 – Laurent Creton et Kira Kitsopanidou (dir.), *Crowdfunding, industries culturelles et démarche participative. De nouveaux financements pour la création*, 2016.

FSC
www.fsc.org
MIX
Papier | Fördert gute Waldnutzung
FSC® C083411

Kolibri 360 GmbH
Ferdinand-Jühlke-Straße 7
99095 Erfurt, Deutschland
produktsicherheit@kolibri360.de

Druck:
CPI Druckdienstleistungen GmbH
im Auftrag der
Kolibri 360 GmbH
Ferdinand-Jühlke-Str. 7
99095 Erfurt